AF473389

LÉO MOUTON
Bibliothécaire à la Bibliothèque Nationale

UN COIN DU PRÉ-AUX-CLERCS

LE MANOIR DE JEAN BOUYN

ET

L'ÉCOLE DES BEAUX-ARTS

D'APRÈS DES DOCUMENTS INÉDITS

AVEC SEPT PLANCHES ET SEPT FIGURES DANS LE TEXTE

PARIS
HONORÉ CHAMPION
LIBRAIRIE DE LA SOCIÉTÉ DE L'HISTOIRE DE PARIS
5, QUAI MALAQUAIS, 5
1912

à Monsieur Vuaflart
hommage bien sympathique

LE MANOIR DE JEAN BOUYN

ET

L'ÉCOLE DES BEAUX-ARTS

VUE DU QUAI MALAQUAIS VERS 1630

D'apres une peinture contemporaine, au Musée Carnavalet

LÉO MOUTON
Bibliothécaire à la Bibliothèque Nationale

UN COIN DU PRÉ-AUX-CLERCS

LE MANOIR DE JEAN BOUYN

ET

L'ÉCOLE DES BEAUX-ARTS

D'APRÈS DES DOCUMENTS INÉDITS

AVEC SEPT PLANCHES ET SEPT FIGURES DANS LE TEXTE

PARIS
HONORÉ CHAMPION
LIBRAIRIE DE LA SOCIÉTÉ DE L'HISTOIRE DE PARIS
5, QUAI MALAQUAIS, 5
1912

HISTOIRE D'UN COIN DU PRÉ-AUX-CLERCS ET DE SES HABITANTS. — DU MANOIR DE JEAN BOUYN A L'ÉCOLE DES BEAUX-ARTS

I

Le Sanitat, la Charité, l'Escorcherie. — Première aliénation. — François Olivier, André Guillard, et Pierre Perdrier. — Jean Bouyn et son fils. — Les frères Saint-Jean de Dieu et l'hôpital de la Charité. — La reine Marguerite. — Le lotissement de 1629. — Le traitant Louis Le Barbier.

La façade de l'École des Beaux-Arts sur le quai Malaquais n'est pas ancienne. Il est encore beaucoup de gens qui se souviennent de l'avoir vu construire. Jadis, sur cet emplacement, s'élevait un somptueux hôtel qui disparut en 1845, après avoir porté successivement les noms de ses propriétaires illustres et qui, pendant la révolution et l'empire fut le Ministère de la police générale. C'est l'histoire de ce coin de terre que nous cherchons à reconstituer.

Nous sommes sur le commencement du grand Pré-aux-Clercs, mais pour trouver ce pré à l'état de prairie verdoyante et fleurie, il faut remonter loin. Dès le XVIe siècle, nous y trouvons des constructions d'abord légères, éphémères, près des remparts, sur le petit Pré-aux-Clercs, puis plus soignées, suffisamment confortables même pour qu'en 1578 l'ambassadeur d'Angleterre y ait installé sa demeure habituelle.

D'après le plan restitué de la paroisse Saint-Sulpice publié dans la topographie historique du vieux Paris de Berty et Tisserand, tout l'espace du quai compris entre la rue Bonaparte et la rue des Saints-Pères s'appelait *le Sanitat*, ou *la Charité*. *L'Ecorcherie* était un peu plus en aval et comprenait tout le coin du pâté de maisons entre la rue des Saints-Pères et la rue du Bac. Nous croyons qu'une distinction si nette n'existait pas en réalité, et que cette dénomination de l'écorcherie, plus ancienne, s'appliquait aussi aux terrains situés entre la rue Bonaparte et la rue des Saints-Pères. A l'appui de cette assertion, nous citerons une pièce qui se trouve aux Archives nationales et qui semble être la première attribution d'emploi du coin de sol qui nous occupe.

« Bail à cens et rente portant droicts de lods et ventes de « 6 arpents demy quartier de terre sur l'escorcherie « moyennant 2 sols parisis de cens par arpent portant lods « et ventes et 5 livres de rente aussi par arpent.

« Furent présens noble et discrète personne dom Pierre « Gouscon, prieur de l'ancien diocèse de Valences au nom « et comme procureur et vicaire général du cardinal de « Tournon, abbé de Sainct Germain des Prés d'une part.

« Et nobles personnes messire François Olivier, con- « seiller du roi et maistre des requestes ordinaires de son « hostel, chancelier d'Allençon, maistre André Guillard, « seigneur du Mortier, aussi conseiller dudict seigneur et « maistre des requestes ordinaires de son hostel, et Pierre « Perdrier, seigneur de Chauvigny (1) et greffier de la ville

(1) Les Registres du Bureau de Ville le qualifient de seigneur de « Baubigny » et non « Chauvigny »

« de Paris... » (Ici les longues formules de la dation à bail).... « une pièce de terre assise entre le Pré aux Clercs et la ri- « vière de Seine au lieu dit sur l'Escorcherie et Sablonnière « qui a été arpentée par maistre de Carbonnières, grand « arpenteur de France en la présence dudit Bastonneau l'un « des notaires soubscripts et qui contient six arpens demy « quartier de terre à dix-huict pieds pour perche et cent per- « ches pour arpent qui est la mesure dudict Sainct Germain, « tenant d'une part ladicte pièce à ladicte Escorcherie d'autre « à ung nommé Pierre Marcel, marchand, d'un bout sur le « rivage de ladicte rivière de Seine, d'autre bout aux hoirs « Pernet Lescuyer. » ... Un peu plus loin nous apprenons que cette pièce de terre est habituellement louée 20 sols parisis par an. « ... A l'endroict de laquelle pièce sest faict par « cy devant et faict encores de présent là voirie des chevaulx. « Par quoy ledict seigneur révérendissime après avoir de ce « conféré à son conseil et avoir trouvé estre son prouffict et de « son église les bailler à cens et rentes perpétuelz à la charge « de y bastir maisons manables et à gens ayant puissance « de ce faire, et que en ce faisant il en auroit plus de re- « venu et oultre quand viendront à les vendre et y auroit gros « prouffict pour ledict seigneur révérendissime et ses suc- « cesseurs abbez pour les ventes et saisines, à ceste cause... « etc.. etc. (suivent les formules du contrat)... moyennant « 2 sols parisis de cens portans lotz et ventes... etc... « comme dict est pour chacun arpent payable chacun an le « jour de Sainct Remy chef d'octobre; et cent solz tournois « de rente aussi pour chacun arpent payable chacun an aux « quatre termes en l'an à Paris acoustumez... Et seront « tenuz chascun d'eulx (les preneurs) sur leur dicte part « et portion faire clostures et maisons manables dedans « deux ans prochain...

« L'an mil cinq cens quarante, le lundi vingt-sixiesme « jour d'avril (1).

Ces trois personnages étaient loin d'être les premiers venus : François Olivier appartenait à une grande famille parlementaire; il fut chancelier de France. La reine de Navarre, Marguerite d'Angoulême, sœur de François Ier, le protégeait ouvertement, et dans une lettre de cette dernière au roi, de 1534, nous les voyons elle et lui mêlés à une intrigue de cour pour faire épouser à François de Bourbon, protégé du roi, Mlle d'Estouteville qui résiste. Il était le magistrat complaisant, l'homme de la cour et, lors de la découverte de la conjuration d'Amboise, Vieilleville, dans ses mémoires, lui prête un vilain rôle : il aurait alors soutenu cette thèse que le roi n'était point tenu par sa parole donnée à des rebelles. Toujours est-il qu'après l'exécution des condamnés, il tomba en une profonde mélancolie et mourut peu après, le 30 mars 1560, laissant d'Antoinette de Cerisay, sa femme, plusieurs enfants. Sa pompe funèbre fut magnifique et eut lieu à Paris les vendredi 26 et dimanche 28 avril 1560, à trois heures de relevée.

Il fut porté en grande pompe à Saint-Germain-l'Auxerrois où l'évêque de Paris officia; tout le corps de ville à cheval, vêtu de noir, suivait, ainsi que le Parlement ; il était escorté d'archers et d'arquebusiers portant des torches, de crieurs et de deux cents pauvres en deuil portant aussi des torches garnies d'écussons aux armes du défunt (2). Son successeur fut l'illustre Michel de l'Hospital.

André Guillard, sieur du Mortier, lui aussi était une no-

(1) Archives Nationales S. 2837 (Papiers de Saint-Germain-des-Prés. Dossier Quay Malaquais).

(2) Registres du Bureau de Ville (Histoire générale de Paris).

tabilité : fils d'un président au parlement et de Marie de Vignacourt, il avait été admis au conseil de ville le 7 août 1534 en remplacement de son père démissionnaire. Il avait en outre quitté ses fonctions de conseiller au Parlement lorsque, le 20 décembre 1532, il avait été pourvu de la charge de maître des requêtes de l'hôtel. Nous le trouvons en 1538, membre de la députation chargée de présenter au roi les remontrances de la ville; de 1542 à 1544, prévôt des marchands. Il avait rempli diverses missions ou ambassades importantes et notamment en 1547 auprès du Saint-Siège. Enfin, en 1553, lors de la régence de Catherine de Médicis, alors qu'Henri II s'en allait rejoindre les princes de la ligue d'Allemagne contre Charles-Quint, il s'était vu désigner par les lettres patentes du 15 août comme l'un des trois personnages adjoints à la régente pour diriger le royaume concurremment avec elle. Il devait mourir conseiller d'état dans un âge avancé (1).

Quant à Pierre Perdrier, sieur de Baubigny (et non de Chauvigny comme dit l'acte précité), greffier de la ville de Paris, s'il est de moindre envergure que ses deux associés, en revanche il est plus remuant, plus actif : le 18 août 1536, le président Augustin de Thou résigne en sa faveur son office de conseiller de ville, et tout aussitôt nous le voyons entrer en scène, faisant partie de toutes les députations, s'occupant de matières fiscales et allant volontiers porter au roi des remontrances à ce sujet; il se mêle de tout, s'insinue dans les intrigues de personnes, dans toutes les nominations qui se font, dans tous les dessous de la politique municipale; tant et si bien que, dès le 15 août 1537, il se fait vertement blâmer par une lettre du roi : « Vous vous êtes, dit la lettre, ingéré de faire et dresser mande-

(1) Lettres de Catherine de Médicis et Registres du Bureau de Ville.

mens pour procéder à l'élection des échevins d'icelle ville encore qu'il vous eust esté inhibé et deffendu de ce faire, faisant oultre cela plusieurs menées et praticques qui sont de très mauvaise et pernicieuse conséquence et importance... » Et la lettre royale finit par de sévères menaces s'il recommence. Pierre Perdrier se fit humble et dut demander pardon.

Il garda son office de greffier jusqu'au 27 avril 1552, où il le résigna pour cause de santé.

Quant à l'attribution de cet acte cité plus haut à la portion de sol qui nous occupe, il ne semble pas qu'il puisse y avoir de doute, car nous avons relevé en marge une mention d'une écriture beaucoup plus moderne et qui par sa teneur la fixe à la fin du XVIIIe siècle. Elle émane de l'agent même de l'abbaye Saint-Germain-des-Prés, chargé de dresser ou contrôler les rôles des cens et rentes dus à l'abbaye. Voici cette mention :

« Appliqué à :

« Quai Malaquest : M. de Juigné, M. de Bouillon, M. de Mandat, M. d'Hargicourt.

« Rue des Saints Pères : M. Michel.

« Rue des Petits Augustins : M. Delaborne. »

Nous voilà donc fixés au moins sur ce point que le lieu dit l'Écorcherie s'étendait au moins jusqu'à la rue Bonaparte.

Mais nous ne pouvons passer outre sans signaler que nous sommes ici en contradiction avec Berty et Tisserand qui ont vu la pièce que nous venons de citer et qui soutiennent que l'application des droits de cens aux propriétaires mentionnés en marge, est certainement le résultat d'une erreur (1). Nous croyons que c'est au contraire

(1) T. I, p. 198, note.

chez ces deux auteurs, pourtant si sûrs dans leurs travaux et si dignes de foi, qu'il y a eu confusion, car ce qu'ils reprochent en toutes lettres à cette application, c'est de porter sur les propriétaires des terrains sis entre les rues de Seine et des Petits Augustins. Pareille application serait évidemment erronée, mais elle n'a jamais été faite, et les noms de MM. de Juigné, de Bouillon, de Mandat, d'Hargicourt, Michel et Delaborne, le prouvent surabondamment. Il est évident que s'ils ont cherché ces noms parmi les propriétaires entre la rue Bonaparte et la rue de Seine, ils ne les ont pas trouvés. Ce qui est probable c'est que, au fur et à mesure que l'on construisait sur le Pré-aux-Clercs, la voirie des chevaux, l'*Escorcherie* était repoussée de plus en plus loin (1).

Il ne semble pas du reste que François Olivier, André Guillard et Pierre Perdrier aient profité eux-mêmes de leur location et en aient exécuté les clauses en faisant bâtir, car nous n'en avons point rencontré d'autres traces.

Les documents que nous citons et l'examen de quelques autres qui se réfèrent aux emplacements voisins et qui se trouvent dans les papiers de Saint-Germain-des-Prés suffisent pour nous donner la physionomie de cette partie du Pré-aux-Clercs qui va bientôt être Paris.

Ce sont de vastes espaces bas et dénudés, des terrains

(1) Berty et Tisserand reproduisent même en entier l'acte en question dans les pièces justificatives du tome IV de leur Topographie historique, page 204, et là une nouvelle confusion se rencontre. Ils donnent comme preuve de la situation de l'écorcherie, quai Voltaire, le registre de cens où figure l'hôtel de Morstin « tenant d'une part à M. de la Basinière », reconnaissant d'ailleurs parfaitement que l'hôtel de Morstin s'élève sur l'emplacement de l'Ecorcherie. Or l'hôtel de la Basinière n'est autre que l'annexe de l'Ecole des Beaux-Arts.

vagues, défoncés par endroits par les ornières des charrettes qui viennent s'y débarrasser de leurs gravats et ordures. Un peu plus loin, c'est la voirie des chevaux où l'on dépèce les animaux morts avec sa boue sanglante et ses détritus nauséabonds.

A peu près à la place de l'École des Beaux-Arts ou de l'hôtel de Chimay, des vestiges de constructions abandonnées marquent l'endroit où François I a commencé à faire bâtir l'hopital de la Charité pour y recueillir les lépreux et autres contagieux, d'où ce nom de « Le Sanitat » ; et tout autour ce sont les trous et les aspérités que laisse un chantier de construction arrêté en cours de travaux. Çà et là quelques masures qui disparaîtront sans laisser de traces et qui se font de plus en plus rares à mesure qu'on s'éloigne de la porte de Nesle. Près du rempart, où s'élève maintenant l'Institut, les constructions sont plus rapprochées, plus importantes. Nous avons vu qu'il y avait en 1578 au bord de la rivière une maison assez convenable pour servir de logis à l'ambassadeur d'Angleterre ; il y en a d'autres. Au milieu du XVIe siècle, la rue des Marais (rue Visconti) existe déjà, et des auberges s'y élèvent qui servent de lieu de conciliabule aux huguenots. Mais en tirant vers l'ouest les terrains vagues reprennent, sales, pelés, peu sûrs. Des malandrins y rôdent, on s'y bat en duel, c'est quelque chose qui doit ressembler à cette plaine d'Issy-les-Moulineaux qu'on voit encore aujourd'hui, dans sa partie non construite.

L'Université a beau réclamer pour ses écoliers qui ont, dit-elle, le droit d'y établir le siège de leurs ébats, le mouvement est donné, et les abbés de Saint-Germain-des-Prés trouvent qu'il est temps de mettre en valeur ces vastes terrains et de les donner peu à peu à bail à charge de bâtir. Adieu les vertes prairies fraîches; ceux qui voudront chercher « les bords fleuris qu'arrose la Seine » du poète, devront désormais aller plus loin.

Peu de temps après, en 1541, nous voyons apparaître un nom que nous connaissons déjà, celui de Jean Bouyn, dont nous avons conté l'établissement dans nos parages, en un travail précédent (1). Ce fut sans doute le trio de spéculateurs dont nous avons parlé plus haut, Olivier, Guillard et Perdrier, qui recédèrent leurs droits et leurs obligations à Jean Bouyn. Nous reviendrons pourtant aujourd'hui sur ce personnage, tant parce que son clos englobait en partie la propriété voisine, objet de notre étude, que parce que nous pouvons préciser certains points qui nous avaient échappé.

D'abord, nous indiquerons le métier de Jean Bouyn : il était barbier-chirurgien (2). Les religieux de Saint-Germain-des-Prés avaient fait combler la petite Seine, cette sorte de canal qui rejoignait les fossés de l'abbaye à la Seine, et longtemps ce canal désaffecté servit de chemin creux. L'ayant fait encore niveler, les religieux en firent trois lots de terrain de 83 toises et demi chacun. Jean Bouyn prit celui qui commençait au quai, au coin même de l'ancien canal et y fit bâtir un clos et une maison couverte d'ardoises. La limite à l'ouest était formée par les fossés du Sanitat, ce projet d'hôtel-Dieu abandonné depuis des années. Berty nous apprend que cette maison était large de 7 toises et 4 pieds du côté du quai, que le jardin touchait à la borne d'encoignure du grand Pré-aux-Clercs, ce qui prouve que du côté de la rue

(1) L'Hôtel de Transylvanie.
(2) Arch. nat. S. 2856.

Jacob le jardin avait environ 17 toises de largeur (1).

Nous savons les difficultés qu'éprouva le malheureux Jean Bouyn du fait du conflit qui s'éleva peu après entre l'Université et l'abbaye de Saint-Germain-des-Prés, l'émeute d'étudiants se précipitant sur les constructions nouvelles qui portaient atteinte à leurs prétendus droits sur le Pré-aux-Clercs, arrachant les toitures, les démolissant à demi, et causant au barbier-chirurgien un dommage « de 1.000 à 1.200 écus pour le moins ».

Quand les procès nés de ces violences eurent reçu leurs solutions, quand Jean Bouyn lui-même fut mort à une époque que nous ignorons, ce fut son fils Prosper Bouyn qui entra en possession. Le barbier-chirurgien qui, par son métier même, s'était élevé au-dessus du commun des artisans, avait fait donner une bonne instruction à son fils, si bien que le jeune Prosper, gravissant d'un coup plusieurs degrés de l'échelle sociale, fut en mesure, tant par son instruction que par la fortune de son père, d'entrer dans la vie par une beaucoup plus large porte que ses aïeux. Il acheta une charge de conseiller au parlement.

Dès 1567, nous le voyons figurer parmi les électeurs qui, le 16 août, se réunissent au Conseil de Ville pour procéder à la nomination des nouveaux échevins (2). En 1591, il est désigné pour siéger en qualité de juge dans le procès retentissant de Brigart, procureur de la ville de Paris, arrêté pour concussions. Le 15 mai 1610, lors du lit de justice qui va proclamer la tutelle et la régence de la reine-mère, il fait partie de la députation composée d'un

(1) Berty et Tisserand. *Topographie du Vieux Paris.* Région du Bourg Saint-Germain, pages 15-16.

(2) Registres de Bureau de Ville.

président et de trois conseillers du parlement envoyés à la rencontre de Marie de Médicis en grand deuil et du jeune roi monté sur sa petite haquenée blanche (1). Mais alors, il y a longtemps qu'il n'est plus propriétaire de la maison bâtie par son père. En effet, dès 1585, le 7 septembre, Prosper Bouyn avait vendu sa maison du faubourg Saint-Germain à Hugues de Castellan, seigneur de Castelmore, chevalier servant de la reine de Navarre. Nous n'avons rien trouvé sur ce personnage. Peut-être était-il le fils de Honoré de Castellan, médecin italien attaché à Catherine de Médicis, dont Brantôme parle comme d'un homme à bonnes fortunes. La limite à l'ouest était alors la tranchée de l'égout qui passait à peu près au milieu de l'espace occupé aujourd'hui par l'école des Beaux-Arts. Deux ans après cette acquisition, Hugues de Castellan vendit toute la partie méridionale de sa propriété, réduisant ainsi considérablement son jardin. Ce fut l'Université qui racheta ces terrains pour en disposer et les vendre à d'autres particuliers.

On sait l'abominable période que traversa la France et particulièrement Paris pendant la Ligue; assassinats, exécutions, incendies, batailles sanglantes, tel fut pendant des années le bilan presque journalier de ce temps néfaste. La maison de Jean Bouyn devait s'en ressentir : elle avait été comme baptisée, peu après sa construction, par l'émeute des étudiants qui l'avaient à moitié démolie; elle semble avoir été vouée à ces sortes de violences. En effet, pendant qu'elle était la propriété de Hugues de Castellan, c'est-à-dire après 1585, elle eut encore à subir les colères dévastatrices des adversaires politiques de son maître qui tenait

(1) L'Estoile, *Journal*.

pour le roi et se trouvait sans doute absent au moment du siège de Paris. La maison fut complètement dévastée, et quand son propriétaire y rentra en 1594, au moment de la reddition de Paris, il ne retrouva qu'une masure, nous dit Berty, qui nécessita des réparations considérables. La maison se composait alors de deux corps d'hôtel, l'un sur le quai mesurant sept toises de large et trois toises et demi de profondeur, et l'autre en potence sur la rue.

Le 7 juin 1599, Renée Forget, femme de Hugues de Castellan était veuve; nous ne saurions dire depuis quand, mais ce jour-là elle vendit elle-même le domaine écourté qui lui venait de feu son époux à une autre veuve, Renée Lebeau, jadis épouse d'Étienne Hue dont nous n'avons pu relever aucune qualité. Renée Lebeau ne conserva pas elle-même longtemps cet immeuble et le revendit au sieur Gillet qui se le fit définitivement adjuger par décret du 18 février 1604. L'adjudication par décret était, comme on sait, un acte de procédure qui n'était pas indispensable à la transmission de propriété; c'était quelque chose d'analogue à la purge d'hypothèque, et qui pouvait se faire après la conclusion de la vente et l'ensaisinement. Ce fut le cas pour le sieur Gillet qui était vraisemblablement propriétaire dès 1603 au moins, car le dernier jour de février de cette année, il l'avait baillée à la congrégation des frères Saint-Jean de Dieu, autrement dit « Frères de la Charité ».

Voilà donc notre maison transformée en hôpital. M. le Dr Laboulbène, dans la *Gazette médicale de Paris* de novembre-décembre 1878, et après lui M. Fernand Gillet, directeur de l'hôpital de la Charité, ont étudié l'histoire de cet établissement, et prouvent que ces frères étaient déjà installés quai Malaquais au moins en mars 1602, date des lettres patentes rendues par Henri IV en leur faveur, à l'instigation de Marie de Médicis. Berty nous apprend que cette princesse paya d'abord le loyer de l'immeuble, puis l'acheta le 4 janvier 1605 et en fit don aux Frères de la Charité, le 5 février suivant. Nous citerons ici une pièce qui prouve le fait. Dans le cueilleret des cens dus à l'abbaye Saint-Germain-des-Prés du 18 avril 1595 (1) (fol. 124) voici ce que nous trouvons :

« Sur la rivière et ès environs :

« .....

« De Monsieur Bouyn, loyer pour une maison assise « sur ladite rivière tenant d'une part à « d'autre part à d'un bout par devant « sur ladicte rue et d'autre bout par derrière au petit Pré-« aux-Clercs qui doibt de cens chacun an ledit jour « Sainct Remy XL sols parisis. Ceste maison est à présent « l'hospital appelé de la Charité. »

Cette pièce, sans nous arrêter à l'erreur qui cite Bouyn comme propriétaire en 1595, alors qu'il ne l'était plus depuis dix ans, semblerait de prime abord prouver que l'hôpital de la Charité existait en 1595, mais une mention à l'en-tête nous indique que nous n'avons en main qu'une copie du cueilleret de 1595 terminée en 1607 et sur laquelle on a relevé les mentions ajoutées en marge au cours des années.

Quoi qu'il en soit, dès le début du XVIIe siècle un hôpital tenu par les frères Saint-Jean-de-Dieu était installé au coin de la rue de la Petite-Seine absorbant tout le terrain du futur hôtel de Transylvanie et partie de celui où devait

(1) Arch. Nat. S. 3058 (registre).

surgir bientôt le futur hôtel du ministère de la Police générale.

Ces frères « Saint-Jean-de-Dieu » ou « de la Charité » étaient une institution assez nouvelle alors. Elle avait été fondée à Grenade vers 1540 par un Portugais dont la vie fut un véritable roman. Celui qui se fit appeler Jean de Dieu, Jean Ciudad de son vrai nom, avait été élevé avec mille soins et mille tendresses par des parents d'humble condition qui l'aimaient passionnément. La première chose qu'il fit, dès qu'il fut sorti de la petite enfance, fut de s'échapper de chez lui et de courir les aventures : sa mère en mourut de chagrin, son père se fit moine; lui se fit vagabond, berger, domestique, soldat, malandrin, colporteur, gardien d'aliénés, fagoteur, et enfin, touché de la grâce, fonda à Grenade sa première maison pour y soigner des malades. Il ne fut jamais prêtre, mais vit son œuvre encouragée par les princes et par le Saint-Siège. Il était mort depuis longtemps lorsque Marie de Médicis fit venir de Florence un certain Jean Bonnelli suivi de quatre autres frères. Ce furent ces cinq hommes qui, sur le terrain qui nous occupe, fondèrent l'hôpital de la Charité. L'emplacement en devait être changé, les frères devaient en abandonner plus tard la direction, mais ni l'œuvre ni la congrégation ne devaient périr, et l'une et l'autre sont encore florissantes de nos jours.

Ce n'était pas dès cette époque une petite affaire que d'établir un hôpital, et les formalités administratives ne manquaient déjà point. A la bonne volonté charitable de Jean Bonnelli, il fallut ajouter :

1° — Les lettres patentes du roi, de mars 1602.

2° — L'acte d'entérinement et de vérification desdites lettres devant le parlement.

3° — L'autorisation de Henri de Gondi, évêque de Paris.

4° — Des lettres de Paulus Gallus, frère majeur de la congrégation, instituant Jean Bonnelli son vicaire général.

5° — Un exemplaire des constitutions et statuts de la congrégation.

6° — Un avis favorable après délibération du Bureau de la ville de Paris (1).

Le frère Bonnelli et ses malades ne devaient pas demeurer dans leur propriété du quai « Malaquest » où ils s'étaient tout d'abord établis. Nous avons raconté dans un travail précédent (2) comment, en 1606, la reine Marguerite de Valois, la première femme de Henri IV ayant pris en aversion l'hôtel de Sens qu'elle habitait, à la suite du meurtre de son amant Saint-Julien, avait acquis tout le terrain du quai compris entre la rue des Saints-Pères et la rue de Seine pour s'y faire construire un superbe hôtel au coin de cette dernière rue et du quai. L'ancienne maison de Jean Bouyn englobée dans l'espace réservé aux futurs jardins, dut disparaître, et le 4 septembre 1608 (3), le frère Jean Bonnelli convenablement indemnisé par un échange avantageux, émigra avec son hôpital à l'endroit où il est encore aujourd'hui.

Ce coin de terre employé pendant des années aux besognes les plus charitables et les plus édifiantes par le frère Bonnelli et ses religieux, sanctifié par le dévouement des uns et la souffrance des autres, allait servir de champ à tous autres exercices, car la reine Margot allait continuer à y faire paraître combien sa piété, pourtant

(1) Registre des délibérations du Bureau de Ville, du 20 juin 1603.

(2) L'hôtel de Transylvanie.

(3) L'assistance publique en 1900. — Paris, 1900, gr. in-4°, page 387.

sincère, était compatible avec la largeur de ses idées et la liberté de ses allures. Nous avons dit aussi comment, après sa mort survenue en 1615, le roi fit mettre en vente le bel hôtel de sa tante; nous avons vu surgir la société de spéculateurs, de Vassan, de Garsaulan, Pottier, Bryois, Le Barbier et Sandras acquéreurs de ce vaste domaine, et, le 6 avril 1629, le partage attributif des lots de chacun.

La portion de terrain qui nous occupe, échut à Louis Le Barbier l'un des plus riches traitants de l'époque, par surcroît spéculateur de terrains et entrepreneur, dont nous avons aussi parlé antérieurement (1).

(1) Le nº 6 de la rue Bonaparte.

II

Construction de l'hôtel. — Deux contrats de travail; Nicolas Choualdin, maitre-sculpteur et peintre, et Gilles Robert, maître-serrurier. — Aspect de l'hôtel — Documents graphiques.

Jusqu'à présent, nous nous sommes occupés de ce qui a précédé l'hôtel qui fait l'objet de ce travail; maintenant nous allons le voir sortir de terre, grandir, se garnir, s'orner, se meubler et donner asile à des générations de princes, de grands seigneurs et de gens importants.

Louis Le Barbier, le richissime et vaniteux financier parvenu que nous connaissons, fut le père de cet hôtel. En prenant possession de son lot de terrain, il ne pensait pas, pour cette fois, faire une spéculation, et il voulut tout d'abord se faire construire un hôtel pour lui-même. Son amour du faste l'y poussait : le lieu sans doute lui plaisait, et puis c'était en face le Louvre. Deux pièces nous indiquent l'intention de Le Barbier de se fixer quai Malaquais : Ce sont deux marchés de travail passés devant notaire les 13 août et 21 octobre 1630 et dont les en-têtes ne laissent point de doute :

« Devis du manteau de cheminée de la grande salle du logis de Monsieur Le Barbier. Et premièrement :

Il convient faire la platte bande dudit manteau de cheminée de pierres de Liere; les deux janbages et les deux sommiers dudict liere; ladicte platte bande aura neuf pied et demi de long, et de large a proportions du desseing qui sera aresté avec ledict S^r^.

Les janbages auront cinq pied en long, et en large quatre pied ou environ. Les somníers, trois pied ou environ.

La platte bande, les deux janbages et les deux somniers touts brustes.. 105 #
Plus pour la taille d'arquitecture........................ 100 #
Il convient faire les ornement et sculpture dessus ladicte platte bende jenbaige et somnière. À la platte bande y aura deux rinceaux de feuillage et deux aux somniere. Les quatre valent. 50 #
Plus 4 quartoche et quatre devis (devises)................ 36 #
Plus pour lornement des deux janbages.................. 25 #
Pour la pose de ladicte platte bende...................... 12 #

Il faut noter que soubz les janbage faut faire une fondation portes Denbas que ledict S^r fera faire. Faut aussy noter qu'il fault soubz la platte bende une bare de fer de 2 pouce en carré pour éviter la rupture que ledict sieur fera faire aussy.

Plus il fault faire la hoste et faux manteau de ladicte cheminée .... 10 #
Plus pour le plâtre pour faire l'arquitecture du dessus ladicte platte bende trois muid et demy....................... 30 #
Plus pour le masson qui fera ladicte arquitecture......... 50 #

La Sculpture en plâtre

En la corniche il y convient 20 modelons ou consoles à dix solz pièce, le tout... 10 #
Plus quatre quartoches et deux devis (devises) le tout..... 12 #
Les harmes (armes, armoiries) par en hault tenus par deux petit enfens. Le tout ce monte à.......................... 35 #
Les masques et les quatre riciaux (rinceaux) de feuillage dalentour du cadre....................................... 20 #
Plus pour douze piere de marbre sur le devent de ladicte cheminée.. 24 #
Plus pour une table de marbre dans la platte bande de deux pied huit pouce de long et treize pouce de large............ 9 #
Plus pour deux figures de platre de 4 pied ou environ chascune... .... 60 #

Fut présent en sa personne Nicolas Choualdin, maître sculteur et pintre à Paris, y demeurant rue neufve et par(oisse) St Médéric, lequel a recongneu et confesse avoir fet marché, promis et promet à noble homme M. Louis Le Barbier conseiller du roi Controll[r] g[al] des bois en l'isle de France dem[t] au Fauxbourg St Germain sur le quay Malaquest à ce présent et acceptant de faire parfaire... etc., etc, moyennant la somme de quatre cent cinquante livres tz (tournois)... etc., etc. (Le Barbier s'engage à payer comptant un à-compte de 150 livres tournois.)

Faict et passé en l'estude du notaire soubzsigné, l'an mil six cent trente le 13e jour d'aoust avant midy

et ont signé :

LE BARBIER.

CHOUALDIN.

MARREAU (notaire).

(l'autre notaire),
(signature illisible).

Au bas de cette pièce figure une attestation signée Legay et Marreau, notaires, établissant que le 12 août 1631, Le Barbier a payé les trois cent livres tournois qui restaient dues. On remarquera que la totalisation des prix indiqués donne 588 livres et que Nicolas Choualdin fait prix pour 450 livres tournois : il y a donc une réduction, un prix à forfait.

La seconde pièce est un devis de serrurerie :

« Devis des ouvrages de serrurerie qu'il convient faire au bastiment que M. Le Barbier fait bastir, construire et édifier de neuf sur le quay Malaquest attenant Messrs d'Hillerin.

Premièrement pour le gros fer du bastiment au prix de deux sols la livre pour ancre tyrans et bandes de traine, souspentes et corbeaux.

Pour les grilles qui se feront dans le logis à raison de deux sols six deniers la livre.

Pour chascune croisé à trente deux fiches et douze targettes en relief et fourny de pattes unze livres.

Pour chascune croisé à trente deux fiches et douze targettes en annales (?) sept livres.

Pour les portes du perron brisées en quatre garnies de deux serrures et de verrous montés sur platines douze livres.

Pour chascune première porte sur la montre garnie de gonds en fer et verroutz sur annales (?) et... (?)... de relief de meusles six livres dix sols.

Pour chascune porte de chambre fermant avec une serrure garnie de leurs verrous, six livres.

Pour chascune porte à locquests garnie de leurs verrous trois livres.

Pour chascune porte à quatre guichets à seize fiches et huit targettes quatre livres dix sols.

Pour les verges à vitres à raison de deux sols six deniers la pièce.

Pour les crochets à .... (?) .... à sept sols pour pièce.

Pour les crochets à festre (fenestre?) à trois sols pièce.

Fut présent en sa personne Gilles Robert maitre serrurier es fauxbourg Saint Germain des Prés lèz Paris, y demeurant rue de Seine lequel a recogneu et confessé avoir faict marché promis et promect à noble homme Mre Louis Le Barbier, conseiller du roi et controlleur général des bois en l'île de France demeurant fauxbourg Saint Germain sur le quay Malaquest à ce présent et acceptant de faire et parfaire bien et deument comme il appartient aux divers ouvriers... à ce cognoissans tous et chascuns les ouvrages de serrurerie.... etc., etc. »

(En beaucoup de phrases et beaucoup de mots, Gilles Robert s'engage à commencer les travaux bientôt, à les livrer le plus tôt possible et à les continuer sans désemparer. Le Barbier de son côté paye tout de suite une avance de cent livres.)

« Fait et Passé en l'étude des notaires soussignés à Paris l'an mil six cent trente le 21 octobre avant midi » (1).

Donc en août et en octobre 1630 nous sommes en pleine construction, et quand Berty dit qu'en 1628 la maison appartenait à Henri-Auguste de Loménie, il va un peu vite en besogne.

Quel était l'aspect de cette construction toute neuve? La réponse se trouve à l'hôtel de Carnavalet, galerie de topo-

(1) Ces deux marchés figurent dans les minutes de Me Marreau notaire, actuellement étude de Me Baudrier qui a eu l'amabilité de nous en accorder communication.

graphie où un tableau contemporain, portant le n° 11 nous montre le quai Malaquais en 1630 ou très peu après. La toile est de grande dimension. Un mur de la hauteur d'un premier étage fait façade sur le quai; il est percé au milieu d'une haute porte cochère qui donne accès dans la cour; au fond de cette cour s'élève le corps principal de l'hôtel qui a vue par derrière sur un jardin. L'Hôtel a deux étages; il est flanqué à l'ouest d'une maison à trois étages qui forme aile en retour et monte en façade sur le quai même en prolongement du mur à porte cochère. C'est le pendant de la maison de M. de Hillerin au coin de la rue de la Petite Seine. Ces deux maisons à trois étages se font même si bien pendant qu'en 1650, Sylvestre gravant avec soin une vue du quai, représentera notre immeuble comme composé d'un corps de logis au fond et de deux ailes s'avançant jusqu'au quai, mais n'ayant partout que deux étages. La maison Hillerin passée à l'état d'aile orientale, n'a plus de porte sur le quai non plus que l'aile occidentale. De plus ces deux ailes sont ornées à l'héberge de frontons triangulaires qui se reproduisent sur les façades sur cour. C'est de la pure fantaisie. La peinture de 1630, d'une facture beaucoup plus lourde mais beaucoup plus sincère, nous inspire davantage confiance. Nous avons un élément de constatation, c'est la maison Hillerin qui existe encore, le futur hôtel de Transylvanie. Il est bien là avec ses trois étages, sa porte cochère; seulement il n'y a point de colonnes à la porte ni de balcon. La porte cochère plein cintre est plus élevée que la première plinthe; la fenêtre de milieu du premier étage n'existe pas et est remplacée par un œil de bœuf qui surmonte la porte qui, ainsi que les portes voisines, semble peinte en rouge. Il n'y a point de fronton à l'héberge.

Sous le numéro d'inventaire P. 639 dans la même galerie, nous trouvons une autre vue du même quai, mais datée de 1670. La maison Hillerin a un fronton sur le quai, trois étages et à chaque étage trois fenêtres sur la cour de l'hôtel en retrait; de même pour l'aile occidentale dudit hôtel. Ici nous apparaît la fantaisie du graveur Sylvestre qui, en 1650, ne donne que deux étages à l'hôtel d'Hillerin et à l'aile occidentale de notre immeuble. Il faudrait donc admettre qu'en 1630 ces immeubles avaient trois étages, qu'en 1650 on en avait supprimé un et qu'on l'avait rétabli en 1670, et cela alors qu'il s'agit de deux immeubles distincts appartenant à deux propriétaires différents. Nous ne sommes même pas certains de l'existence d'un fronton sur la maison Hillerin malgré la peinture de 1670; il semble au contraire établi que l'aile occidentale en bordure du quai en eut deux, un sur le quai, un sur la cour. Ces frontons du reste disparurent plus tard et n'existaient plus lors de la démolition en 1845.

Nous possédons une vue très soignée de l'hôtel bâti par Le Barbier; elle est de l'architecte Marot et se réfère à la période de 1670 à 1680, d'après le nom du propriétaire qu'il indique, M. de Guénégaud. Mais nous retrouvons ici, avec des détails encore plus circonstanciés, les fantaisies de Sylvestre.

On sait que, dans les dessins de Marot, il ne faut pas toujours voir des choses qui ont existé, mais souvent de simples projets : peut-être ces deux artistes ont-ils eu connaissance d'un projet qu'ils croyaient imminent et auquel ils ont conformé leur dessin. Ce qu'il y a de curieux, c'est que ces deux gravures fantaisistes sont conformes à une peinture sur toile de la collection Destailleur qui porte le n° 16 de la galerie topographique du musée Carnavalet. Cette toile est indiquée comme étant de 1650 ainsi que la gravure de Sylvestre, et elle n'en diffère qu'en ce qu'elle accorde une porte cochère à la maison Hillerin qui forme le coin de la rue Bonaparte. Il semblerait que ces trois vues contemporaines ou à peu près, ont été copiées l'une sur l'autre.

On voit par ces variantes combien il est dangereux d'accepter sans contrôle les documents picturaux et artistiques.

Il est pourtant un point sur lequel ils sont d'accord, c'est l'aspect du quai lui-même, sans revêtement de pierre, sans pavage, avec les berges sales et dévalant inégalement jusqu'au bord de l'eau (1). Quelque temps après la terminaison de l'hôtel qui appartenait alors à M. de la Ville-aux-Clercs (le futur comte de Brienne), on établit un pavage s'avançant sur le quai jusqu'à la limite de cet immeuble.

(1) Voir aussi une excellente vue du quai Malaquais dessinée par Chaufourier et gravée par P. Sanry, qui est insérée à la page 1513 du tome II de Félibien, *Histoire de Paris*.

III

Les Loménie de Brienne. — Henri-Auguste, secrétaire d'État. — Conversation avec Buckingham. — Mme de Brienne. — Une scène du grand Condé. — Triste fin de vie.

C'est en vain que Le Barbier s'était fait bâtir un hôtel sans but mercantile, c'est en vain qu'il avait voulu bien affirmer son intention en faisant sculpter ses « harmes par en hault tenus par deux petit enfens » sur la hotte de cheminée de la grand'salle : sa destinée était de spéculer toujours et encore. En 1630, si le gros œuvre est terminé, les divers corps de métier sont en pleins travaux et, deux ans après, Le Barbier aliène sa maison; il ne la vend pas, il est vrai, mais il l'échange par acte sous seing privé du 19 mars 1632, avec MM. de Loménie père et fils, intervenant tous deux à l'acte (1), tandis que lui émigre un peu plus bas, au futur quai Voltaire (2).

Du premier coup, avec de tels propriétaires, l'hôtel prenait rang parmi les logis renommés. Ces Loménie

(1) Minutes de Me Dubost, notaire. Vente du 20 septembre 1660.
(2) Malingre, *Antiquités de la ville de Paris*, livre II, p. 403.

étaient en effet, sinon des grands seigneurs, au moins des personnages fort importants et dont la fortune croissait rapidement. Il ne fallait pas remonter loin pour trouver des origines sinon humbles, au moins modestes; ils descendaient d'une petite race limousine. Un certain Martial de Loménie, greffier du Conseil, avait donné dans la nouvelle opinion, et s'était fait huguenot, ce qui l'avait ruiné au moment de la Saint-Barthélemy. Henri IV qu'il avait servi, se chargea de l'éducation de son fils Antoine, qui obtint lui-même plus tard le titre de secrétaire du cabinet. En 1589-90, Antoine de Loménie faisait l'intérim de garde des sceaux, et en 1593 il épousait une catholique, Anne Aubourg. Il avait sans doute su acquérir la confiance de son prince, car, en 1595, il était chargé d'une ambassade extraordinaire auprès d'Élisabeth d'Angleterre. C'était un homme probe, attaché au roi, d'esprit pratique et sachant soigner à la fois les intérêts de son maître et les siens propres. Vers la fin de sa vie il abjura le protestantisme, et mourut riche et honoré en 1638. Il laissait plusieurs filles et un fils, Henri-Auguste, dont la carrière devait être encore plus brillante que la sienne.

Dès son plus jeune âge, Henri-Auguste de Loménie avait été destiné aux charges de la cour; après trois ans de collège, son père l'avait fait voyager pendant plusieurs années en Allemagne, en Pologne, à Vienne, en Hongrie, en Italie. Quand il revint à Paris, le 3 novembre 1609, il avait beaucoup vu, beaucoup écouté et possédait plusieurs langues étrangères, chose rare et précieuse à cette époque et particulièrement appropriée à la carrière où Antoine de Loménie entendait diriger son fils. Le jeune garçon était d'ailleurs dans l'entourage du dauphin et souvent jouait avec lui. Rentré à la maison paternelle, il vivait dans cette ambiance qui, plus que toutes les leçons, forme un homme. Grâce à l'admirable collection de documents réunie par son père, les 350 in-folios qui forment aujourd'hui une des richesses de notre Bibliothèque Nationale, il se familiarisait avec l'histoire, avec le maniement de ces dossiers copieux dont les matières touchaient de si près aux affaires qu'il aurait bientôt à étudier. A quinze ans, Henri-Auguste parut à la Cour et souvent Henri IV, pendant que le père tenait la plume, permettait au jouvenceau d'assister au conseil des ministres. A ce moment il n'avait pas, nous dit-il lui-même, d'autre occupation que de suivre le roi et de se faire bien venir. Il y réussit parfaitement, grâce à son caractère souple et soumis. Il était nommé secrétaire de cabinet dès 1612, et de 1613 à 1615, il obtenait la survivance des charges de secrétaire des commandements et de secrétaire d'État; en 1619, il était nommé prévôt des ordres du roi et, en 1622, commandant des Tuileries. La même année, des succès diplomatiques en Guyenne, contre les protestants, justifiaient encore cette fortune rapide et l'on s'explique comment en 1633, le petit-fils du greffier du Conseil, de modeste extraction, put rechercher et obtenir la main de Louise de Béon Luxembourg-Brienne, héritière d'une grande famille. Il était déjà un grand personnage.

Sans se compromettre il assista, et de fort près, à l'élévation et à la chute de Concini, mais, malgré sa prudence, il ne peut cacher son aversion pour Luynes. Il est très attaché à la reine-mère et, quand l'influence et les intrigues du nouveau favori la feront exiler à Blois, c'est lui qu'on enverra prendre ses derniers ordres avant son départ. Elle le pria de lui faire avoir les réponses des lettres qu'elle écrivait au roi « se promettant de mes soins, écrit Henri-Auguste dans ses mémoires, que je la regarderais comme la mère de mon roi et comme la veuve de celui qui l'avait été. Ces paroles, ajoute-t-il, me firent fondre en larmes et me mirent tout en sueur ». Ce jeune secrétaire d'État est un loyaliste, du parti des anciens ministres de Henri IV, « les plus gens de bien », dit-il. Jugeons de son indignation quand Luynes, ce nouveau venu, lui propose un jour de lui donner part aux affaires, à la condition de recevoir chaque jour un journal de tout ce qui serait décidé au conseil où Henri-Auguste siégeait comme secrétaire.

En 1624, la cour de France négociait le mariage de Henriette de France, fille de Henri IV, avec le prince de Galles, le futur Charles Ier. Henri-Auguste de Loménie, qui portait alors le nom de M. de La Ville-aux-Clercs, fit partie d'une ambassade de plusieurs personnages qui allèrent en Angleterre discuter cette difficile négociation. Il y réussit parfaitement et fut à ce propos en relations fréquentes avec le célèbre duc de Buckingham qui n'eut pas le don de lui plaire et à qui il n'épargna point les paroles aigres-douces.

L'admiration exagérée de Buckingham pour la reine, ses succès auprès des autres femmes de la cour qui n'ont d'yeux que pour lui, agacent M. de La Ville-aux-Clercs. Dans une conversation entre M. de Bonneuil, notre ambassadeur à Londres, Buckingham et lui, il s'exprime ainsi : « Il faut pourtant avouer, Mylord, que vous avez l'esprit, la taille et l'air d'un grand seigneur; vous êtes, de plus, beau, agréable et bien fait et par conséquent capable de donner de la jalousie à des maris qui seraient d'humeur à en prendre. Je suis même persuadé que vous pouvez y avoir réussi, mais il faut pourtant que je vous apprenne une chose qui est très constante, c'est que les dames françaises se font gloire de donner de l'amour sans en prendre, et si quelques-unes ne peuvent pas se défendre d'en prendre, elles ne cherchent pourtant, en accordant leurs bonnes grâces, qu'à être courtisées par un cavalier qui réside à la cour, et non par un étranger qui n'est regardé chez nous que comme un passe-volant. » Et M. de La Ville-aux-Clercs, satisfait du trait acéré qu'il vient de décocher au présomptueux Anglais, ajoute : « Plusieurs gentilshommes français qui furent présents à notre entretien, s'aperçurent bien à la mine de Buckingham qu'il avait été percé jusques au cœur. »

A cette époque, un astre de première grandeur montait à l'horizon; Richelieu arrivait au ministère et laissait voir déjà quelle puissance il allait être. M. de la Ville-aux-Clercs le comprit, lui rendit quelques services et sut s'effacer. Son père existait encore et ne fut peut-être pas étranger à l'attitude prudente, modeste et profitable de son fils. Leur fortune était maintenant établie et ce fut alors que tous deux de concert, voyant s'élever le bel hôtel du traitant Le Barbier, en eurent envie et passèrent avec lui le contrat d'échange du 19 mars 1632, dont nous avons parlé. Ce contrat nous ne l'avons point eu sous les yeux et nous ne l'avons trouvé que mentionné dans l'acte du 20 septembre 1660, qui constate la mutation suivante, c'est-à-dire la vente dudit hôtel, par Henri-Auguste de Loménie au prince de Conti, dont nous parlerons plus bas. Mais nous avons relevé dans la Topographie historique de Berty un échange de 1628 entre Le Barbier d'une part, et Antoine et Henri de Loménie d'autre part, ces derniers abandonnant un terrain de deux arpents et demi environ, sis rue Cassette, côté occidental, à l'endroit où s'établirent en 1658 les Bénédictines du Saint-Sacrement (1). Ne serait-ce point là la contre-partie de la mutation que nous connaissons et par laquelle ils entraient en possession de l'hôtel du quai Malaquais? Les dates de 1628 et de 1632 ne coïncident pas, il est vrai, mais nous savons que Berty a commis une erreur : il a dit en toutes lettres que cet hôtel appartenait dès 1628 à M. de Loménie, ce que contredit formellement la date du 19 mars 1632, indiquée sur l'acte notarié du 20 septembre 1660 précité.

Pendant toute la période qui suivit, M. de La Ville-aux-Clercs s'installa quai Malaquais et fit de sa maison un centre de la meilleure société. En 1638, Antoine de Loménie, son père, mourait et Henri-Auguste, le fils, M. de La Ville-aux-Clercs, devenait chef de cette famille, composée de lui, de sa femme, d'un fils âgé de trois ans qui avait vu le jour depuis l'acquisition de l'hôtel, et de ses sœurs. « Nous restâmes mes sœurs et moi avec peu de bien », dit-il dans ses mémoires. Il en avait toujours assez pour demeurer installé dans l'un des plus riches hôtels du faubourg Saint-Germain, pour y faire figure de mécène encourageant les arts et pour subvenir cependant aux énormes aumônes de sa femme. Malingre, nous parlant de son hôtel (2), nous dit que « c'est le plus agréable et très bien basty, ayant de belles salles, escaliers, chambres et galleries sur le devant, entourées de balustres regardans le Louvre, le Pont neuf, les Thuileries et la

(1) Berty et Tisserand, *Topographie historique du Vieux Paris*. Région du Bourg Saint-Germain, vol. I, p. 51.

(2) Malingre, *Antiquités de la ville de Paris*, 1640, in-fol., livre II, p. 403.

rivière : derrière est un jardin, petit mais très bien entretenu, où sont plusieurs orangers, ruches à miel, parterres et compartimens ».

De temps à autre il quitte son bel hôtel et s'en va remplir de petites missions où il faut avoir du tact et connaître sa cour : en 1640 c'est lui qui est chargé d'aller annoncer sa disgrâce à Mlle de Hautefort, cette amante que le roi abandonne. Depuis quelque temps déjà M. de La Ville-aux-Clercs songeait à se retirer; deux mois après la mort de Richelieu, il vendait sa charge à M. Duplessis-Guénégaud, trésorier de l'épargne, moyennant un prix si élevé (950.000 livres), qu'on est tenté d'y voir d'autres considérations que celles qu'il fait valoir dans ses mémoires et qui sont d'ordre politique.

Ce fut alors l'époque fastueuse. L'ancien secrétaire d'État est un homme qui approche de la cinquantaine, dans la plénitude de ses moyens et de sa situation, de taille médiocre, un peu fort, le visage plein et modelé, avec la petite moustache retroussée de l'époque, ses longs cheveux soignés, recouverts de la petite calotte des hommes de cabinet, et une expression de calme et de douceur avisée qui ne l'empêchent point, au dire de sa fille, de joindre à l'érudition et à la haute compétence d'un homme d'État les qualités d'un bon escrimeur et d'un brillant cavalier (1).

Trouvant insuffisant le nom de La Ville-aux-Clercs, il releva au moyen de certaines acquisitions le grand nom de comte de Brienne qui venait de la famille de sa femme. La haute société, les savants se pressent chez lui pour voir ou consulter ses magnifiques collections com-

(1) Barthélemy, *Galerie des portraits de Mlle de Montpensier.*

HENRI-AUGUSTE DE LOMÉNIE
COMTE DE BRIENNE.

mencées par son père et que lui-même enrichit chaque jour. Peiresc, dans ses lettres, en parle mainte fois et recommande à un jeune artiste, auquel il s'intéresse, de ne pas manquer de se faire présenter à l'hôtel de Brienne.

Dans cette mise en scène d'une existence magnifique, le nouveau comte de Brienne était notablement secondé par sa femme.

Elle semble avoir été le type de la femme officielle qui pousse son mari par la noblesse de l'attitude qu'elle sait donner à la tonalité de la maison. C'est une petite femme menue, au visage régulier avec un joli nez fin, des yeux vifs et passionnés, et une peau blanche, malheureusement gâtée par la petite vérole ; l'âge venant, elle tend à se voûter. Ce sont peut-être les longues oraisons où elle s'abîme plusieurs fois par jour, car elle est une personne extraordinairement pieuse; avec cela sachant admirablement faire sa cour, liée avec la reine et la grande Mademoiselle, faisant des aumônes considérables, entretenant d'innombrables pauvres, visitant les hôpitaux et les prisons, et pratiquant, outre les vertus intérieures, toutes les vertus officielles; elle est honorée et bénie de tout le monde, sauf peut-être par quelques méchantes filles, car « l'on sait aussi, dit la grande Mademoiselle (1), combien vous avez fait mettre de demoiselles à la Madeleine (2) qui se trouvaient bien mieux au Marais, et combien vous leur êtes redoutable. Jamais général d'armée n'alla à l'assaut plus courageusement que vous, quand il est question de la conversion d'une âme ». Peut-être quelques-unes de ces

(1) Barthélemy, *Galerie des portraits de Mlle de Montpensier* (Portrait de la comtesse de Brienne).

(2) Aux Madelonnettes, fondées en 1618 pour les filles repenties ou coupables.

malheureuses n'appréciaient-elles pas tout ce que la comtesse de Brienne faisait pour leur salut.

En tout cas la considération de la maison et le crédit du nouveau comte y gagnaient considérablement. Personne ne fut étonné, en juin 1642, de lui voir marier sa fille au marquis de Gamaches; il lui donnait en dot 300.000 livres, somme considérable pour l'époque.

Après la mort du roi, Brienne jugea le moment opportun pour revenir aux affaires; grâce à l'intimité de sa femme avec la reine, l'affaire se traita facilement et comme il venait d'acheter à M. de Chavigny sa charge au département des étrangers pour 500.000 livres, la reine gracieusement lui en fit aussitôt compter 200.000.

M. de Brienne eut pour voisin vers cette époque un très illustre personnage, le grand Condé. Par bail du 26 mai 1645, ce prince avait loué l'hôtel voisin, l'ancien logis de M. de la Bazinière (1). M. de Brienne nous conte en ses mémoires qu'un dimanche de 1649, le vainqueur de Rocroy vint le trouver chez lui, à neuf heures du matin, pour se plaindre de ce que la reine refusait de lui donner le gouvernement de Pont-de-l'Arche. La discussion se prolongea jusqu'à midi, Brienne épiloguant avec habileté et prenant la défense de la reine, Condé de plus en plus âpre, de plus en plus tranchant et finissant par se laisser aller à des violences de langage qui ne se terminèrent que par l'arrivée du frère de Condé, le prince de Conti qui, las de l'attendre, vint frapper à la porte, lui rappelant qu'ils n'étaient pas encore allés à la messe et qu'il était temps de se hâter.

Cette petite scène, dont furent témoins les murs de

(1) Catalogue Gabriel Charavay de 1909.

notre hôtel, dut sans doute se placer entre la paix de Rueil, en mars 1649, et le moment où Condé, décidément mécontent de la cour, se joignit aux troupes de la Fronde, lors de la nouvelle prise d'armes qui eut lieu peu de temps après et qui aboutit, au commencement de 1650, à son arrestation.

En 1652 Brienne fut si malade que le bruit de sa mort courut la ville; Loret l'annonce le 18 août, mais se rétracte presque en même temps. En fait il fut au plus mal d'accès de fièvre avec transport au cerveau et raconte lui-même les soins dont il fut l'objet de la part de sa femme pendant les trois mois que dura cette longue maladie.

Trois ans après, en 1655, c'étaient des préoccupations plus gaies qui mettaient en mouvement les habitants de l'hôtel. M. de Brienne mariait son fils Henri-Louis. Les trois générations de Loménie dont nous avons parlé jusqu'à présent avaient montré une suite de qualités sérieuses, posées, pondérées qui ne se retrouvèrent point dans la quatrième, représentée par Henri-Louis. Il semble que la nature se fût fatiguée d'avoir gardé trop longtemps la même posture dans cette descendance de sages personnages. A l'encontre de ses auteurs, Henri-Louis fut un sensitif, un nerveux, on pourrait presque dire un déséquilibré et un névropathe. Né en 1635, pourvu, dès que son âge le lui permit, de la survivance de secrétaire d'État de son père, il se fiançait le samedi 18 décembre 1655 avec la ravissante Mlle de Chavigny. Ce jour-là eut lieu la lecture du contrat et M. de Brienne, aussitôt après, fit cadeau à sa future bru d'un énorme diamant valant mille pistoles; le lendemain le fiancé envoya à la jeune fille trois coffrets, dont le premier contenait 3.000 justes d'or, le second des pierreries et des bijoux pour plus de

16.000 écus et le troisième des dentelles, des parfums et diverses raretés (1). Le 15 janvier le contrat était signé et, le 22 janvier 1656, le mariage célébré en petit comité, en présence de la famille et d'un nombre restreint d'invités. Dans la dot du jeune homme figurait l'hôtel que ses père et mère lui délaissaient, moyennant une indemnité de 50.000 livres.

Cette jeune femme charmante qui entrait dans la famille, s'appelait Henriette Le Bouthillier, elle était fille du comte de Chavigny, secrétaire d'État, celui-là même qui avait revendu sa charge à M. de Brienne. Agée de dix-neuf ans, d'une taille moyenne, bien prise, « d'un embonpoint honnête », comme elle dit elle-même (2), elle avait le nez grand et un joli teint coloré ; mais l'impression de grâce et de bonté que donnait son visage était comme voilée d'une nuance de mélancolie et de langueur qu'il fallait attribuer à son mauvais état de santé. C'était au reste une personne cultivée et sachant l'orthographe, singularité notable pour une femme à cette époque. Elle mourut à vingt-sept ans, en janvier 1664. Aussitôt, son mari, en proie au plus violent désespoir, quitta la cour où il exerçait les fonctions de secrétaire d'État depuis 1660 ; il entra aux Oratoriens. En 1670 il en sortit pour courir les aventures, tomba éperdument amoureux d'une autre femme et se conduisit de façon si extravagante qu'il se fit enfermer en 1673, à Saint-Germain-des-Prés comme fou ; après avoir été successivement transféré à Saint-Benoît-sur-Loire et à Saint-Lazare, il fut enfin élargi en 1692 et mourut le 14 avril 1698 dans un couvent où il était rentré, laissant quelques poésies, un itinéraire de ses

(1) Loret, *Muse historique*.
(2) Barthélemy, *Galerie des portraits de Mlle de Montpensier*.

voyages et des mémoires qui ne parurent qu'en 1720.

Mais si, avec la mort de cette jeune femme, le deuil entrait dans la maison, les soucis n'avaient point attendu jusqu'alors pour y faire leur apparition : soucis d'argent, car malgré la première vente avantageuse de sa charge, la fortune de Brienne n'avait pu suffire au train qu'il menait, à toutes ses fondations pieuses et aux innombrables aumônes de sa femme. Dès 1660, comme nous le verrons plus bas, il fallut vendre l'hôtel du quai Malaquais et se réfugier chez sa fille, la marquise de Gamaches, rue des Saints-Pères; soucis plus graves encore que lui causait son fils : en effet des insinuations malveillantes coururent sur le compte d'Henri-Louis qu'on accusa de tricher au jeu à la suite de la chance par trop persistante qu'on lui voyait partout. A la fin de 1662, Henri-Louis fut exilé. On prétendit même que ce fut le désespoir d'une pareille honte qui fit mourir sa femme de chagrin. A la ruine venait s'ajouter l'opprobre; la situation de ministre d'État devint intenable à la cour et il dut vendre sa charge une seconde fois. Il le fit dans des conditions qui lui furent particulièrement douloureuses : il avait toujours fait une sourde opposition à Mazarin et n'avait pu se maintenir que grâce à l'amitié d'Anne d'Autriche pour sa femme et pour lui, mais quand, après la mort du cardinal, le roi prit en main les affaires, il eut l'amertume de se voir préférer Lionne dont l'influence grandissait au détriment de la sienne. Louis XIV le trouvait vieux et ne pensait jamais comme lui. Quand Brienne vendit sa charge le 14 avril 1663, ce fut M. de Lionne qui l'acheta 900.000 livres (1).

(1) Cf. l'article de M. Louis Lévêque, dans la *Revue historique* de mai-juin et juillet-août 1910.

La fin de vie de ce ministre, naguère si florissant, fut douloureuse. Pauvre maintenant, humilié, déshonoré par son fils, malade, il se réfugia de plus en plus dans les sentiments de grande religiosité qui formaient le fond de son caractère. Le 2 septembre 1665 il perdait sa femme et lui-même mourait le 5 novembre 1666, laissant l'un et l'autre d'universels regrets dans leur entourage. On contait qu'un valet de la comtesse depuis longtemps à son service, revenant de la campagne à Paris, y apprit brutalement en entrant à l'hôtel la mort de sa maîtresse à laquelle il était extrêmement attaché et que l'émotion fut telle qu'il tomba lui-même raide mort (1).

Les beaux jours de l'hôtel de Brienne étaient passés.

(1) *Continuateurs de Loret*, 20 sept. 1665.

IV

Le prince de Conti. — Un prince abbé. — Anne Martinozzi. — Les œuvres théologiques d'un général de la Fronde.

Au moment où la mort frappait à coups répétés les divers membres de cette famille de Brienne, naguère encore si heureuse et si brillante, ils n'étaient plus les habitants de l'hôtel du quai Malaquais. Dès le 20 septembre 1660, le comte de Brienne et son fils, agissant conjointement, vendaient l'hôtel à Armand de Bourbon, prince de Conti, prince du sang, pair de France, gouverneur et lieutenant général pour le roi en Languedoc et à Anne Martinozzi sa femme, demeurant en leur hôtel, rue de Grenelle. L'hôtel vendu est déclaré « consistant en plusieurs bâtiments, cour sur le devant, jardin derrière, basse-cour à côté de ladite maison, écurie, grenier et autres bâtiments étant en icelle maison et toutes ses appartenances et dépendances »...

Comme charges, l'acte mentionne les droits de cens, le maintien de la servitude « altius non tollendi », instituée par Le Barbier, relative au mur de séparation avec l'hôtel de M. de Hillerin à l'est, c'est-à-dire obligation réciproque de ne pas élever le mur qui sépare les deux cours plus haut que la seconde plinthe de la maison de M. de Hillerin.

Le prix était de 200.000 livres tournois.

Avec l'immeuble, les vendeurs cédaient leurs droits d'eau qui consistaient en 4 lignes en diamètre, faisant 16 lignes en superficie d'eau à prendre à la fontaine de la rue de Seine qu'ils tenaient en don de Sa Majesté et en un autre brevet du roi d'un demi-pouce d'eau à prendre à la pompe du Pont-Neuf.

La double intervention à l'acte du comte de Brienne et de son fils était nécessitée par le délaissement de l'hôtel qui avait été consenti au dernier, lors de son mariage moyennant 100.000 livres, dont 50.000 seulement avaient été payées (1).

Le Barbier, Brienne, le prince de Conti : un traitant, un ministre, un prince du sang; trois échelons pour monter aux plus hautes sphères sociales. L'hôtel du quai Malaquais ne pouvait espérer abriter de plus illustres personnages. C'était en effet le propre frère du grand Condé qui allait installer ses pénates dans ces salles bâties pour abriter le chaperon bourgeois de Mme Le Barbier et les falbalas de ses deux infantes de filles; c'est sous cette hotte de cheminée, construite par Nicolas Choualdin avec des « harmes soutenues par deux petit enfens » qu'il allait s'asseoir pour chauffer sa longue, maigre et disgracieuse personne. Car, si le prince de Conti était un grand prince, ce n'était pas un beau prince. Le seul trait commun avec son illustre frère était un beaucoup trop grand nez, mais pour tout le reste il était le cadet, inférieur en âge, inférieur en caractère, inférieur en valeur, en tournure, en santé, en tout. Son aîné se moquait de lui, et lui, enviait son aîné. La nature l'ayant quelque peu contrefait, son père, Henri II de Bourbon et sa mère,

(1) Minutes de d'Orléans, notaire, obligeamment communiquées par son successeur actuel, M. Dubost.

ARMAND DE BOURBON
PRINCE DE CONTI.

Charlotte de Montmorency, l'avaient destiné à l'église, parce qu'il n'avait point les qualités physiques et morales nécessaires à un homme de guerre. C'était un débile, mal portant, sans volonté, enclin à des retours sur lui-même, à des scrupules qui eussent fait de lui un excellent ecclésiastique, loin de la lutte, en tête-à-tête avec son mysticisme. Non point que son esprit fût incapable de pensées profondes, fines ou compliquées — ses écrits prouvent le contraire — mais il fallait qu'il s'en tînt là et ne cherchât point à entrer dans le domaine de l'action.

Il commença la vie, pourvu de trois abbayes : celles de Saint-Denis, de Cluny et de Lérins. Sans doute il eût été parfaitement heureux à réformer et régenter ses moines, si la gloire de son frère n'eût été là pour agiter et exciter ce qu'il y avait de « Condé » en lui.

Comme il arrivait à l'âge d'homme en pleine Fronde et que son frère faisait de la politique, il fit de la politique, et en fit même dans le parti opposé à son frère qui alors tenait pour la cour. Les parlementaires, cherchant à s'abriter derrière un grand nom, l'élurent général de leurs troupes, et ce grand maigre abbé bossu monta à cheval et revêtit la cuirasse : il fut piteux militaire. Il eut alors un retour vers les idées religieuses et eut envie du chapeau de cardinal. Comme l'affaire manqua, il se rejeta dans la Fronde des petits maîtres, se retrouvant alors avec son illustre frère du même côté de la barricade, ce qui lui valut d'être arrêté avec lui et son beau-frère et d'aller réfléchir à Vincennes et au Havre sur les vicissitudes de la politique. Après sa libération, il se rapprocha définitivement de la cour et de Mazarin, sentant qu'il ne faisait plus bon à jouer les rebelles. Il conçut même un coup de maître : celui de combler d'honneur Mazarin lui-même et de se l'attacher en épousant sa nièce, Anne Martinozzi. La chose était énorme en elle-même : un prince du sang épouser la nièce de ce petit abbé Mazarini! Il avait beau être devenu cardinal, ministre et très puissant, qu'était-ce à côté d'un Bourbon? La chose avait été complotée entre lui et son ami l'abbé Daniel de Cosnac, gentilhomme de sa chambre. Ils savaient que la jeune fille avait 200.000 écus de dot, ce qui était tout à fait insuffisant, aussi avait-il été décidé qu'il fallait obtenir du cardinal, outre cette maigre dot, des avantages plus sérieux, comme la charge de connétable et la propriété de Brouage.

Les négociations eurent lieu, aboutirent et le mariage fut décidé.

Quand on apporta au prince de Conti les articles du mariage, il se retira au bout de la salle où il se tenait et appela Cosnac pour les lui communiquer. Les conditions portaient 200.000 écus de dot et rien de plus.

— « Où sont les articles secrets »? demanda Cosnac.

— « Il n'y en a pas », répondit Conti d'un air gêné.

Là-dessus Cosnac, furieux, froisse les articles, les jette à terre et s'écrie : « Eh! Monsieur vous êtes trahi; on vous marie au denier deux! » voulant dire que pour deux cent mille écus une fois payés, il quittait cent mille écus de rentes en bénéfices.

Le prince de Conti, vexé d'être joué par le cardinal, vexé de son attitude de dupe en présence de son conseiller, prit le parti de se mettre en colère aussi, mais n'ayant point le cardinal sous la main, sauta à la gorge de Cosnac lui-même, le secouant et le poussant jusque dans sa chambre. Là il le lâcha, se calma, lui dit qu'il lassait sa bonté et sa patience et se rendit compte que ce qu'il avait de mieux à faire était de faire contre mauvaise fortune bon cœur. Il épousa Anne Martinozzi, sans la connétablie et sans Brouage. Et il fit bien, car sa destinée lui amenait une femme parfaite, bonne, dévouée, qui s'attacha tendrement à lui, le rendit parfaitement heureux, et par surcroît était belle.

La reine et Mazarin, jugeant son retour sincère, ne lui tinrent pas rigueur et le nommèrent tout aussitôt gouverneur de Guyenne. Ils flattèrent même ses plus chères prétentions et lui donnèrent le commandement des troupes du roi en Catalogne où il réussit assez bien, prenant Rosas, Puycerda et la Cerdagne.

Pendant qu'il guerroyait ainsi, il lui arriva une nouvelle qui le troubla profondément : le roi avait distingué sa femme, la trouvait fort belle, le lui avait dit, répété et s'était même, un soir de bal, oublié jusqu'à la presser au point que la jeune femme outrée de ces procédés, perdant tout sang-froid et toute mesure, se laissa aller à faire un éclat qui causa un scandale énorme. Le jeune et séduisant roi qui n'était pas habitué à pareilles réceptions, fut indigné et furieux. Le cardinal aussi. Cosnac qui, froidement reçu d'abord et pour cause, avait fait sa paix avec Anne Martinozzi, intervint, plaida la cause de la vertu auprès de l'oncle tout puissant qui hésitait pourtant. Heureusement le roi jeta les yeux sur une autre nièce du cardinal, Mlle de Mancini et s'éprit vivement d'elle : à compter de ce jour il pardonna entièrement à Anne Martinozzi la sauvagerie de sa vertu et alla même jusqu'à lui donner des éloges. Alors le cardinal à son tour la couvrit de fleurs et tout fut pour le mieux.

Quoi qu'il en fût, le prince de Conti au fond de la Cerdagne était en proie aux affres de l'inquiétude, se disant sans doute avec justesse que son cousin Louis XIV était mieux que lui, que de plus il était roi et que le cardinal n'aurait peut-être pas toujours des nièces de rechange pour détourner les assiduités du roi. Il n'y tint plus et expédia un courrier à sa femme lui enjoignant de venir le trouver en Cerdagne. Elle partit avec plaisir (1).

Ils séjournèrent beaucoup dans le gouvernement de Languedoc, auquel le prince avait été nommé. Ce fut pendant cette période qu'ils achetèrent à Paris l'hôtel de M. de Brienne. Lors d'une grave maladie que le prince avait faite, on fit venir auprès de lui un certain abbé Ciron dont les exhortations eurent sur lui et sur sa femme une influence considérable. Cet abbé Ciron, fils d'un président au parlement de Toulouse, était entré dans les ordres à la suite d'un violent chagrin d'amour. Dans les exhortations des prêtres de cette sorte, il reste toujours quelque chose de souffrant et d'humain qui prend davantage l'âme et les nerfs d'un auditoire que le pur mystique renfermé dans sa sphère de l'au-delà.

Le prince de Conti et sa femme subirent son ascendant : ils sortirent de ses mains transformés et se jetèrent dans la plus grande dévotion. Le prince écrivit alors des ouvrages de controverse théologique ou de morale pratique, mais toujours profondément religieuse. Il avait fait ses études théologiques tout jeune avec les jésuites qui lui avaient inculqué les principes molinistes. Ces opinions éclatent dans ses thèses qu'il soutint en Sorbonne le 10 juillet 1646. Les jésuites étaient bien aise de faire sonner haut le nom d'un prince du sang parmi ceux qui professaient leurs opinions, car ils avaient pris parti d'une façon intransigeante dans la lutte pour le molinisme contre le jan-

(1) Mémoires de Daniel de Cosnac.

sénisme. Le père Des Champs fit imprimer et réimprimer ses ouvrages en y joignant les thèses du prince de Conti. Mais un mécompte l'attendait : plus tard le prince allait devenir thomiste, c'est-à-dire à peu près janséniste, ainsi qu'il ressort de la correspondance qui s'établit entre eux à ce sujet. C'est un amas de minuties, de subtilités, de discussions interminables sur la grâce efficace, la grâce suffisante, l'opinion de saint Augustin sur l'état d'innocence et l'accusation de calvinisme portée par les jésuites contre ce grand saint (1).

Il écrivit encore les *Mémoires de Mgr le prince de Conty touchant les obligations des gouverneurs de province et ceux servant à la conduite et direction de sa maison* (Paris, chez Claude Barbin, 1667, in-8°). Ce sont des principes détaillés, pratiques et religieux sur les instructions à donner à tous ses subordonnés, depuis les maréchaux de France et leurs devoirs pour arrêter les duels, jusqu'à la conduite des régiments d'infanterie, et aux officiers les plus humbles, militaires ou civils. En ce qui concerne sa propre maison, il considère que ses devoirs sont : « Premièrement de faire en sorte que tous mes domestiques vivent chrétiennement. »

Le *Traité de la comédie et des spectacles* (Paris, chez Louis Billaine, 1666, in-8°), est une charge à fond contre le théâtre et tout ce qui y touche. Il relève avec soin les traditions les plus sévères de l'Église et les décisions des conciles en ce sens. Il n'y est question que de l'infamie des comédiens et de l'immoralité d'une institution dont le principal ressort est le développement des passions, alors que la religion prêche leur extinction. Parmi les opinions

(1) *Lettres du prince de Conti ou l'accord du libre arbitre avec la grâce de Jésus-Christ.* Cologne, chez Nicolas Schouten, 1689, in-12.

qu'il cite se trouvent des points de vue inattendus : Olympiodore, qui florissait au IIe siècle, est surtout choqué par ce qu'on se sert des mêmes pieds pour aller au temple et au théâtre. Le prince de Conti lui-même nous livre un aperçu personnel sur Corneille qu'il trouve démoralisant, parce que son œuvre ne touche point le spectateur par l'héroïsme de ses personnages, mais bien par les sentiments d'amour qui s'y étalent.

Enfin *Des devoirs des Grands, par Mgr le prince de Conti avec son testament*, réimprimé en 1779, par la maison Méquignon, est un traité de morale religieuse. Dans son testament du 24 mai 1664, il parle peu de ses biens et d'une façon fort générale, mais il insiste en détail et longuement sur les sommes à rendre à ceux qu'il a ruinés ou auxquels il a fait quelque tort par la guerre de la Fronde à laquelle il a jadis pris part contre le roi. Son caractère scrupuleux s'y montre à vif, ainsi que sa confiance en sa femme à qui il laisse la tutelle de ses enfants.

Le prince de Conti avait en effet deux fils, outre ceux qu'il avait perdus en bas âge. Il allait mourir bientôt à Pezenas le 21 février 1666, âgé seulement de trente-six ans. Les dernières années de son existence retirée et souffreteuse, il les passa dans l'intimité de la famille, aimant les lettres et les gens de lettres, les recevant, et protégeant particulièrement Molière, son ancien condisciple au collège de Clermont, ce qui est bien inattendu de la part d'un homme qui a écrit le *Traité de la comédie et des spectacles*.

Anne Martinozzi, devenue veuve, s'occupa de l'éducation de ses fils, dont les dispositions pétulantes et hardies contrastaient avec la componction paternelle. Très aimée et appréciée de la reine, elle avait été nommée sa surintendante et vivait beaucoup dans son entourage. C'était aussi une sainte femme, comme Mme de Brienne, à qui elle succédait quai Malaquais. Mme de Sévigné la qualifie de « mère de l'église ». Elle nous apprend aussi qu'elle mourut à trente-cinq ans d'apoplexie le 4 février 1672, qu'il y avait cent personnes dans sa chambre où elle était sans connaissance, trois cents dans sa maison et que tout ce monde criait, pleurait et se lamentait. Elle fut inhumée à Saint-André-des-Arts.

Qui sait si la pauvre femme n'eût pas survécu avec un traitement plus calme.

V

M. de Guénégaud. — Échange de l'hôtel de Conti et de l'hôtel Guénégaud. — Retraite fastueuse. — Un salon recherché. — La maîtresse de la maison. — Les Lamoignon.

Cette scène de désolation, au moment de la mort de la princesse de Conti, ne se passa point dans son hôtel, quai Malaquais, car deux ans avant, tentée par le superbe hôtel de M. Duplessis-Guénégaud, elle avait fait un échange à la suite duquel elle s'était installée dans le splendide hôtel construit par Mansart qui s'élevait sur l'emplacement de la Monnaie. C'est là qu'elle vint mourir.

En effet le dernier avril 1670, devant Me Beauvais notaire, « furent présents Haute et puissante dame... Anne Martinozzi, veuve de Armand de Bourbon, prince de Conty, prince du sang... etc. agissant en son nom et en celui de ses enfants mineurs, Louis de Bourbon, prince de Conti et François-Louis de Bourbon, prince de La Roche-sur-Yon... etc, d'une part; Henri de Guénégaud, marquis de Plancy et de Guercheville, baron de Saint-Just, seigneur du Plessis, de Fresnes et autres lieux, conseiller du roi en son conseil et commandeur des ordres de Sa Majesté et Haute et puissante dame Mme Élisabeth de Choiseul-Praslain, son épouse de lui autorisée par l'effet des présentes, demeurant sur le quai et place de Nesle, paroisse Saint-André-des-Arts, d'autre part.

Lesquelles parties es-noms volontairement reconnurent et confessèrent avoir fait les échanges et permutations qui ensuivent :

C'est assavoir :

Les dits seigneur et dame du Plessis, avoir baillé, cédé... par ces présentes audit titre d'échange... à Son Altesse Sérénissime Madame la princesse de Conty et aux dits seigneurs princes ses enfants... un grand hôtel sis à Paris sur le quay et place de Nesle consistant en plusieurs corps de logis et autres bastiments, cour, basse-cour, jardin derrière et généralement toutes les appartenances et dépendances dudit hôtel ainsi qu'il est présentement occupé par ledit seigneur du Plessis et par Monseigneur le duc de Caderousse son gendre... avec la petite maison en laquelle est le réservoir d'eau de la fontaine dudit grand hôtel, ladite maison ayant son entrée sur la rue de Guénégaud, de présent occupée par un tapissier. Est aussi compris au présent échange vingt quatre lignes d'eau, faisant partie de trente six lignes appartenant audit seigneur du Plessis et qu'il a le droit de prendre au regard du bout du Pont neuf (ici diverses clauses relatives à ce droit d'eau). Est aussi compris au présent échange les ajustements, tableaux, dessus de portes et cheminées, comme aussi les autres choses servant à la décoration et embellissement dudit grand hôtel et jardin avec des orangers en caisse ou dans l'orangerie (lesdits orangers évalués à dire d'experts). Ledit grand hôtel tenant d'une part audit quay de Nesle et aux sieurs de Thomier, Séguin, Daguin, Mongeloy, et ladite petite maison où est le réservoir, d'autre part au cul-de-sac de

Nesle, à une maison et jardin appartenant audit seigneur du Plessis et qu'il fait de présent establir et augmente et une contre-maison que le sieur Lambert a fait bastir sur une place qu'il a acquise dudit seigneur par contract du 6 janvier 1668 devant Lemaistre et Symonnet notaires, suivant lequel ne pourra estre basty à l'endroit de la cour de ladite maison dudit Lambert sur le mur qui est mestoyen et lequel la sépare dans le jardin dudit grand hostel; d'un bout par devant sur ladite place de Nesle où il y a un petit logement occupé par la demoiselle Dauzier, laquelle est des dépendances dudit hostel et par conséquent fait partie du présent échange, et aboutissant par derrière sur la rue Guénégaud; et duquel grand hôtel et jardin et dépendances mesme de ladite petite maison a esté fait un plan représenté par les parties et lequel est demeuré annexé aux présentes après avoir esté ensemble deux autres semblables dont un est demeuré à chacune des parties...

Ledit hostel appartenant audit seigneur du Plessis... au moyen de l'acquisition qu'il a faicte de l'ancien hôtel de Nevers et de plusieurs jardins et plants qui en dépendaient dont ledit hostel présentement échangé fait partie, de Messire Hierosme de Sannazac comte de La Rolay, comme procureur fondé de procuration de Monseigneur Charles de Gonzague duc de Mantoue, par contrat passé devant Crespin et Lemercier, notaires au châtelet de Paris le 29 janvier 1646 et transaction fait en conséquence entre Messire François de Nerly conte de Valdeois, aussi comme procureur dudit S[gr] duc de Mantoue et ledit S[gr] du Plessis par devant Saint-Vaast et Cousinet notaires à Paris le 20 mai 1648.

(Ici les indications des droits de cens.)

Et pour et en contre échange de ce, madite dame princesse de Conti es noms a aussi baillé, cédé,... auxdits seigneur et dame du Plessis :

1° La terre, fief et seigneurie du Bouchet, Valpetit, baronnie de Valgrand et fiefs en dépendant réunis sous ledit titre de baronnie de Valgrand... situés es paroisse de Valpetit et Valgrand... Plus le fief, terre et seigneurie de Montaubert situé en la paroisse de Valgrand...

2° Et encore sadite Altesse es noms baille et délaisse... aux dits seigneur et dame du Plessys la maison et hostel de Conty où madite dame princesse est demeurant sur le quay de la rivière de Seine... Tenant icelui hôtel de Conty d'une part à M. de la Bazinière, d'autre à M. d'Illerain, d'un bout par devant sur ledit quay de la rivière et d'autre bout par derrière au couvent des pères Augustins réformés... (ici la clause relative à la servitude de vue précitée)... etc., etc...

Signé : Anne Martinozzi.
De Guénégaud.
Isabelle de Choiseul Praslain.

Symonnet. Beauvais.

M. Duplessis-Guénégaud était le fils d'un trésorier de l'épargne; il avait eu lui-même la survivance de son père et jouissait d'une énorme fortune. C'était en même temps un homme de talent; il eut une carrière dans le genre de celle de Brienne qu'il remplaça en 1643, mais, moins habile et moins souple que lui, il dut résigner sa charge en 1669. Un concurrent terrible, Colbert, en avait envie.

Guénégaud avait pourtant rendu des services, et s'était particulièrement fait apprécier de Richelieu en 1632, lors du voyage de la cour en Languedoc. Il servit loyalement la cour pendant la Fronde et raconte même dans un placet au roi du 7 février 1666, que trois fois il faillit être écharpé, que ses meubles furent pillés, que sa femme et ses enfants furent assiégés par la populace, et que pendant quelques jours ils vécurent, s'attendant à toute heure à être égorgés. Mais ses vingt-trois ans de services exceptionnels et autres, et toutes les explications qu'il donna (1), ne réussirent point à le préserver du mécontentement royal, causé par les violentes et nombreuses accusations qui le poursuivaient à propos de la fortune qu'ils avaient faite, lui et son père, comme trésoriers de l'épargne. Toute cette affaire avait été machinée pour l'acculer à la démission; on y réussit; on lui reprocha ses bonnes relations avec Fouquet; on prétendait que, grâce à cette amitié, il avait touché des sommes auxquelles il n'avait pas droit. Le 11 février 1669, Guénégaud jugeant sa situation intenable, donnait sa démission qui était aussitôt acceptée. Incontinent, Colbert en était pourvu et versait à Guénégaud 600.000 livres pour prix de ladite charge.

Ce fut au lendemain de cette disgrâce, en 1670, qu'il réalisa l'échange dont nous avons parlé plus haut. Peut-être la diminution de son revenu le contraignit-elle à cet arrangement. Ce qui est certain, c'est que l'hôtel qu'il cédait à la princesse de Conti était infiniment plus important et plus luxueux que celui qu'il prenait en échange, ainsi que le montrent les soultes importantes en terres et seigneuries que la princesse de Conti ajoutait à l'hôtel qu'elle cédait elle-même. En effet, cet hôtel Guénégaud était l'un des plus magnifiques de Paris, et les nom-

(1) Collection des factums de la Bibl. Nationale.

HENRI DU PLESSIS DE GUÉNÉGAUD.

breuses gravures qui le représentent donnent une impression de grandeur et de richesse qui laisse loin derrière lui l'hôtel construit par Le Barbier. L'aspect en était vraiment royal.

C'est que Guénégaud, élevé dans le luxe, avait le goût raffiné et fastueux à la fois. Cette figure maigre et fine à l'expression mesurée, était celle d'un homme habitué à vivre dans les milieux les plus recherchés, dans la compagnie la plus choisie et au sein d'un luxe large et de bon aloi.

Quand la reine Christine de Suède, dégoûtée du gouvernement, abdiqua et vint en France en 1656, il la reçut chez lui, à sa terre de Fresnes. Tallemant des Réaux nous le montre allant voir son ami, l'abbé de La Victoire, et débouchant dans la cour avec deux carrosses à six chevaux et une escorte de six chevaux de selle.

Il avait épousé une femme de grande famille, une Choiseul-Praslain, qui fit de sa maison un des salons en vogue de l'époque. Elle fut une femme d'esprit et de grande vertu. C'était donc la troisième maîtresse de maison habitant l'hôtel du quai Malaquais, de qui l'on pouvait faire pareil éloge. Tallemant des Réaux nous conte la délicatesse qu'elle sut mettre à faire accepter par Mlle de Scudéri, vieille et pauvre, l'ameublement d'un cabinet dont elle avait besoin, en cachant sa bonne action sous le voile de l'anonyme. Du reste, Mme de Motteville nous en donne le joli portrait que voici : « Cette dame étoit fille du feu maréchal de Praslain. Sa naissance lui donnait pour parens beaucoup de personnes de grande qualité et son mérite lui donnait aussi beaucoup d'amis. La Reine qui ne la connaissait pas particulièrement, ne la traitait pas avec les distinctions que ses bonnes qualités pouvaient mériter, et son cœur rempli de noble orgueil... lui faisait désirer de faire à elle-même et chez elle une espèce de domination qui la pût consoler de ces privations... Elle recevait beaucoup de visites et il y avait peu de secrets dans le cabinet qui lui fussent cachez. Elle était naturellement susceptible de beaucoup de haine et de beaucoup d'amitié... Comme ses amis la croyoient capable de secret, ils allaient en foule décharger dans son âme les inquiétudes que le commerce du monde fait sentir à ceux qu'il aime le plus... Outre ces qualités bonnes et mauvaises, elle avait une vertu sans tache, elle était assez aimable de sa personne et parmi un sérieux capable des plus grandes choses, elle avait une gaîté extrême qui faisait rencontrer dans sa conversation beaucoup de biens ensemble. »

Après sa retraite, M. Duplessis-Guénégaud vécut tantôt à Paris, tantôt à sa terre de Fresnes et peut-être aussi à Meudon, où sa femme possédait une propriété. Avec une femme comme la sienne et ses huit enfants, la maison ne pouvait être ni fermée ni triste et pendant des années la large porte cochère continua à voir défiler tout ce que Paris comptait de marquant et de bien né.

Le 16 mars 1676, l'ancien secrétaire d'État mourait, âgé de soixante-sept ans et était enterré à Saint-Paul. Ses deux premiers fils étant morts jeunes et le troisième Roger, étant écarté pour une raison que nous ignorons, bien qu'il ne soit mort qu'en 1678, ce fut le quatrième fils Henri de Guénégaud de Cazillac, marquis de Plancy, etc... chevalier de Malte, guidon des gendarmes de Flandre, qui hérita de l'hôtel, en sa qualité de légataire universel de ses père et mère, suivant leurs testaments olographes des 27 septembre 1672 et 13 octobre 1676. Moins d'un an

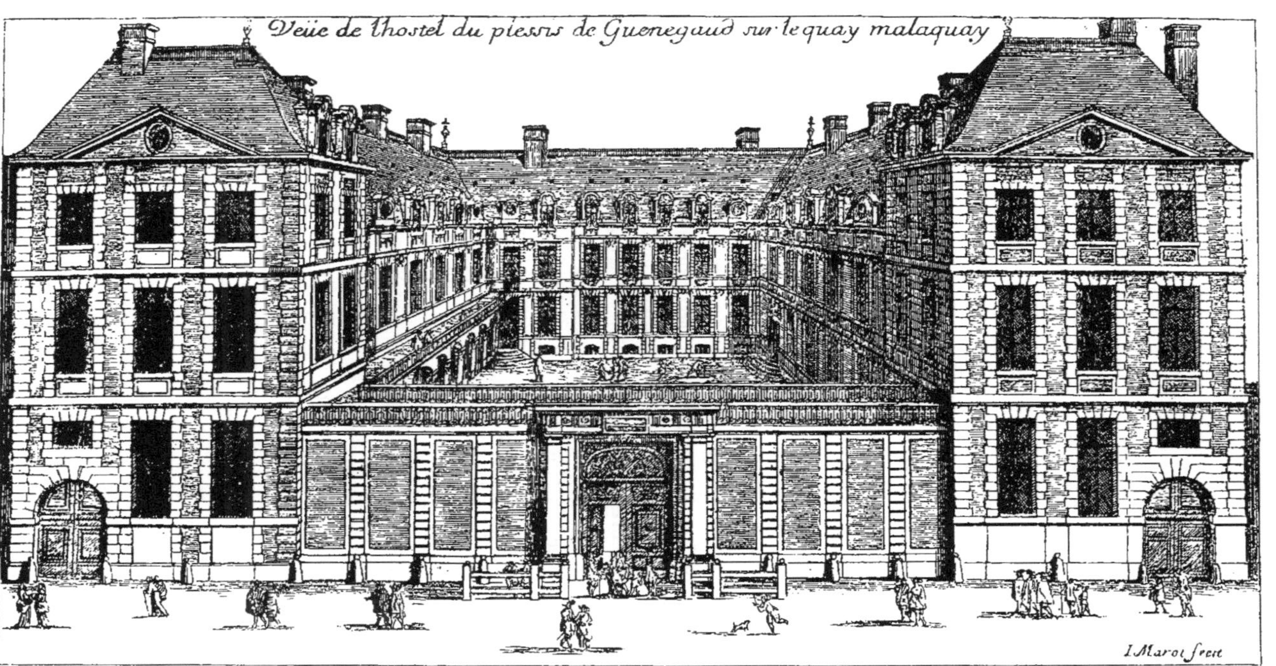
Veüe de lhostel du plessis de Guenegaud sur le quay malaquay
I. Marot fecit

après, le 9 août 1677, Henri de Guénégaud-Cazillac perdait sa mère, Elisabeth de Choiseul-Praslain. Ce fut la dispersion. Que devinrent ses frères et les deux jeunes filles, les plus jeunes? Nous l'ignorons; mais ils trouvèrent sans doute l'hôtel trop vaste pour des orphelins, car nous savons que Mme de Lamoignon le loua pour elle et ses fils, tandis que le propriétaire émigrait rue de Grenelle (1).

Nous ne pouvons dire exactement quand les Lamoignon vinrent quai Malaquais mais ce fut sûrement après la mort de Mme Duplessis-Guénégaud et après celle du chef de la famille des Lamoignon, qui à cette époque était le premier président Guillaume de Lamoignon. Sa famille habitait avec lui, à raison de ses fonctions, une dépendance du Palais; or il mourut le 10 décembre 1677. Cette veuve qui venait avec ses enfants remplacer les Guénégaud était Madeleine Potier d'Ocquerre, femme de grand mérite, mais de conversation difficile à cause de sa surdité (2). Le fils aîné, le nouveau chef de la famille, était Chrétien-François de Lamoignon, né le 26 juin 1644, marquis de Basville, baron de Saint-Yon, seigneur de Blancmesnil, etc., etc. Il avait, comme son père, fait sa carrière au parlement et était depuis 1674 avocat général; il devait en 1690 devenir président à mortier et membre de l'Académie des Inscriptions et Belles-Lettre en 1704, résigner sa charge en faveur de son fils en 1707 et mourir à soixante-cinq ans, le 7 août 1709. Ce fut lui le maître de céans, quai Malaquais. Homme important, magistrat intègre, esprit éclairé, aimant la science, le travail et le monde, il fut le type parfait de cette grande magistrature

(1) Acte de vente de l'hôtel du 27 juin 1680, obligeamment communiqué par M. Flament-Duval.

(2) Lettre de Mme de Sévigné du 3 février 1672.

qui gardait avec élégance et noblesse les traditions de l'illustre compagnie.

Entouré de sa mère, de sa femme, Marie-Jeanne Voysin et de plusieurs de ses frères et sœurs, sans compter ses propres enfants, il tenait maison ouverte, attirant chez lui par la culture de son esprit et le charme de ses manières, ce que l'on appelait alors la Cour et la Ville. Ceux que le suisse, sur le pas de sa petite loge, salue le plus souvent au passage, ce sont MM. de Vardes, de Montausier, d'Estrées, de Chevreuse, de Luxembourg, les duchesses de Chaulne et du Lude, des gens de lettres, un vieil ami de la famille, Boileau, lié intimement avec son père, et maintenant avec lui, Bourdaloue, Racine, Regnard. Et tous ces noms qui sonnent à nos oreilles comme les notes dominantes de ce grand concert de gloires du XVIIe siècle, viennent là, familièrement, passent la grand'porte, traversent la cour en biais, se dirigeant vers le perron du coin à droite et engoncés dans les boucles de leurs volumineuses perruques disparaissent dans la vaste cage de l'escalier.

Mme de Sévigné y vient aussi, car M. de Lamoignon est un de ses assidus et c'est peut-être une des raisons qui fait que plus tard, en 1684, il achètera le superbe hôtel qui porte encore son nom au Marais, au coin de la rue Pavée et de la rue des Francs-Bourgeois, en face l'hôtel de Carnavalet.

VI

Le duc de Créqui. — Une ambassade d'insolence. — L'affaire des Corses à Rome. — Le duc d'Albret.

L'hôtel de Guénégaud ne devait plus longtemps porter ce nom. Son propriétaire actuel était militaire, il n'avait pas encore épousé Anne-Marie-Françoise de Mérode qui ne devait devenir sa femme que beaucoup plus tard, le 11 ocbtore 1707, alors qu'il avait déjà soixante ans et qu'elle n'en avait que vingt-sept. Peut-être sa vie de garnison qui le retenait loin de Paris le dégoûta-t-elle de ce grand hôtel qu'il était sûr de ne plus habiter ; toujours est-il que par acte passé devant Béchet, notaire, le 27 juin 1680, il le vendit à très haut et très puissant seigneur, Mgr Charles, duc de Créqui, prince de Poix, pair de France, chevalier des ordres du roi, premier gentilhomme de sa chambre, gouverneur de Paris et à très haute et très puissante dame, Mme Armande de Luzignan, son épouse, dame d'honneur de la Reine, demeurant en leur hôtel à Paris rue des Poulies.

Dans la désignation de l'immeuble relevons seulement ceci : «... à laquelle (maison) il y a deux portes cochères, ainsi qu'elle se poursuit et comporte, de présent occupée par Mme de Lamoignon et messieurs ses enfants, tenant d'une part ... etc., etc ». Ces deux portes étaient l'une au milieu du mur fermant sur le quai la grande cour d'entrée et l'autre au milieu du pavillon occidental et conduisant par une très longue avenue à la basse-cour et aux écuries dont il est fait mention dans toutes les désignations de l'immeuble.

Le prix était de 150.000 livres et les acquéreurs devaient entrer en jouissance aussitôt après le paiement, lequel devait s'effectuer d'une façon d'ailleurs assez compliquée : 80.000 livres devaient être payées comptant. Pour le surplus, le duc de Créqui faisait abandon de ses appointements jusqu'à concurrence de la somme restant due, mais en tenant compte d'autre part de ce que certaines sommes devaient être payées à divers personnages, créanciers du vendeur et notamment aux religieux de Saint-Cyran comme ayants droit de Mre Martin de Barios, leur abbé défunt.

A l'acte intervenait encore un personnage assez marquant, lequel s'obligeait solidairement pour et avec ledit Guénégaud de Cazillac, marquis de Plancy. C'était Jean Hérault de Gourville, cet ancien secrétaire de Larochefoucauld, ancien intendant des vivres de l'armée de Catalogne, ancien receveur des tailles de Guyenne, grand ami de Fouquet et qui s'était fait exiler pour concussions et pardonner pour services rendus en Allemagne. Il était si riche, malgré ses mésaventures, que la garantie donnée à son ami Guénégaud ne dut pas le préoccuper beaucoup.

Avec les derniers propriétaires, c'était la cour et la ville qui s'intronisaient quai Malaquais; avec les nouveaux c'était la cour, et la cour dans ce qu'elle a de plus approchant du trône : un premier gentilhomme de la chambre du roi et une dame d'honneur de la reine. Lui, descendait d'une illustre lignée et était né vers 1623; il avait fait ses premières armes aux sièges d'Aire, de la Bassée, de

Bapaume et au combat d'Honnecourt, en 1642; il avait assisté à la bataille de Rocroy et à maint autre combat ou siège de cette époque où la guerre était partout. En 1649, il était maréchal de camp et commandait la même année la cavalerie en Catalogne. Sa fortune s'était élevée avec rapidité : lieutenant général en 1651, il était duc et pair l'année suivante, puis premier gentilhomme de la chambre. C'est qu'à ses qualités de bravoure et de bon militaire qui ne suffisaient pas à distinguer un homme en un temps où elles étaient universellement répandues, il joignait celles d'excellent courtisan, et de beau cavalier, et d'héritier d'un grand nom. En 1660 ce fut lui qui fut chargé de porter à la future reine les présents de noces. Deux ans après, il fut envoyé en ambassade à Rome dans des conditions si particulières que les événements violents qui en résultèrent ne durent surprendre personne.

Le choix d'un pareil homme, pour une pareille mission, le dépeint mieux que toutes les appréciations. Louis XIV voulant achever l'abaissement de la maison d'Espagne, œuvre à laquelle il avait consacré tant d'efforts, résolut de lui enlever encore le prestige que lui donnait son influence et sa domination sur le Saint-Siège. Le roi voulait réduire le pape et lui montrer qu'il était plus puissant que l'Espagne. Il ne s'agissait donc pas d'un point spécial à débattre. Ce n'était au fond qu'une question de formes, mais sur lesquelles l'ambassadeur devait être intransigeant. Quant aux quelques questions litigieuses, le roi y tenait peu et s'il ordonnait un ton tranchant et péremptoire, les instructions qu'il donnait portaient des concessions importantes. Le choix de l'ambassadeur devenait donc de première importance; il tomba sur le duc de Créqui. Il remplissait en effet toutes les qualités : d'abord c'était un soldat

CHARLES DUC DE CRÉQUI.

peu enclin à la phraséologie d'un secrétaire d'État ou d'un parlementaire. Sa grande situation, sa fortune, son nom et surtout son caractère, lui donnaient dans le commerce habituel de la vie une morgue insupportable. D'intelligence très moyenne, doué du gros bon sens qui suffisait alors à un militaire, il avait toutes les habitudes et tous les penchants qui évoquent l'idée du monde la plus contraire à celle que nous nous formons d'un diplomate. C'était un joueur enragé, buvant sec, haut en couleur, mangeant comme quatre, aimant les jolies filles, et ne mettant de douceur dans sa voix que pour aborder son maître. C'était « une ambassade d'insolence (1) ».

Les premières instructions sont du 17 avril 1662. Le duc de Créqui partit quelque temps après, avec une nombreuse maisonnée, s'embarqua sur quatre galères pour arriver par mer, afin d'éviter Florence avec qui l'on était en délicatesses et vint s'installer dans le superbe palais Farnèse.

Ce ne fut pas long : dès les premiers entretiens, les dignitaires romains se retirèrent indignés; et comme à chaque fois Créqui forçait la note, le mécontentement éclata si fort qu'il franchit les murs des palais et se répandit dans la rue. D'abord de l'hostilité se fit sentir, puis quelques cris, quelques invectives furent proférés. Le 20 août 1662, vers sept heures du soir, trois Français de la suite de l'ambassadeur se prirent de querelle avec trois soldats de la garde corse pontificale, près du Ponte-Sisto. On en vint aux mains. Les trois Français appelèrent les leurs au secours; ils accoururent, ce que voyant les soldats corses en firent autant; le poste voisin prit les armes et

(1) Hanotaux, *Recueil des instructions données aux ambassadeurs de France.*

vint à la rescousse; quelques-uns étaient allés jusqu'à la caserne, d'où les soldats accoururent en foule, les armes à la main. Ce fut une vraie bataille : les Français accablés sous le nombre se défendirent avec rage; les Corses faisaient un feu roulant de leurs mousquets et tout ceci se passait devant le palais Farnèse, où les Français cherchaient refuge et secours. Le duc de Créqui se précipita au balcon, mais n'y demeura point, parce que les mousquets se levèrent dans sa direction et il entendit siffler les balles autour de lui. La duchesse de Créqui qui rentrait en carrosse vit ses chevaux arrêtés, fut bousculée, insultée et eut grand'peine à se réfugier dans l'hôtel le plus voisin, chez le cardinal d'Este. Au cours de la bagarre, comme un Corse portait la main sur l'ambassadrice, son petit page qui l'accompagnait, couvrit bravement sa maîtresse en se mettant devant elle et le pauvre enfant tomba tout aussitôt frappé à mort.

Enfin lentement, sans se presser, la police arriva et rétablit l'ordre. Sept ou huit morts et beaucoup de blessés restaient par terre. Du côté des Français, trois ne bougèrent plus quand on vint les relever, c'étaient Aubin Copet, page du secrétaire de l'ambassadeur, Bertrand, page de l'ambassadrice et Antoine Duboys, capitaine des gardes de l'ambassadeur. Le soir même un courrier partait pour Paris.

On peut penser la fureur de Louis XIV à la lecture de pareilles nouvelles. Il écrivit *ab irato* au pape la lettre suivante qui reprit incontinent le chemin de Rome :

Très saint Père,

Nostre cousin le duc de Créqui nous ayant fait connaître l'attentat commis sur sa personne le vingt août dernier dans les rues de Rome par les gardes Corses de Vostre Saincteté, nous avons tout aussitost mandé à nostre dit cousin qu'il eust à sortir de vos estats, à fin que sa personne et nostre dignité n'y restassent pas exposées à des actes innouis mesme chez les barbares. Nous avons égallement ordonné au sieur abbé de Bourlemont, auditeur de rote qu'il ait à savoir de Vostre Béatitude si elle a dessein de nous en proposer une satisfaction proportionnée à la grandeur de l'offense, laquelle a non seullement attaqué mais indignement renversé et violé le droit des gens. Nous ne demanderons rien à Vostre Saincteté en cette rencontre. Elle a pris une si longue habitude de nous refuser toute chose et témoigné jusqu'icy tant d'aversion pour nostre personne et nostre couronne que nous voulons laisser à sa seule prudence le soin de lui fournir une résolution sur laquelle la nostre se règlera : souhaitant seullement de pouvoir rester de Vostre Béatitude le très dévot et révérend fils aisné.

LOUIS.

A Versailles, ce 30 août 1662.

Dès le 1er septembre, Créqui, sans attendre la réponse du roi, quitta Rome pour se retirer en Toscane. Il monta dans son grand carrosse en plein jour et donna l'ordre à son cocher de traverser toute la ville au pas, pour bien montrer qu'il se retirait et ne se sauvait pas.

Alors commencèrent d'interminables négociations sur les réparations à obtenir. Le roi se montra inflexible.

Le premier projet de satisfactions qui fut transmis de Versailles à l'abbé de Bourlemont était dur :

1° Un nonce extraordinaire devait être envoyé au roi pour lui porter les excuses du Pape ;

2° Une délégation de nombreux cardinaux devaient aller en faire autant à l'ambassadeur et à sa femme.

3° L'officier ou les officiers coupables devaient être condamnés à faire amende honorable devant le palais de l'ambassadeur, puis pendus;

4° Vingt autres coupables au moins devaient être pendus et autant envoyés aux galères;

5° Les autres officiers devaient venir désarmés demander pardon à genoux à l'ambassadeur;

6° Tout le reste du corps des gardes corses devait être licencié ou du moins changé.

Le Pape et toute la cour romaine demeuraient atterrés.

Quand Louis XIV vit que les négociations n'aboutissaient pas, il se saisit du Comtat-Venaissin et équipa une armée pour envahir les États du pape. Rome céda et les conditions furent signées à Pise le 12 février 1664. Le 28 mai suivant, le duc de Créqui rentrait à Rome et peu après le cardinal Chigi partait pour Fontainebleau, où se trouvait le roi, pour accomplir son humiliante mission. On instruisit longuement le procès des Corses. Louis XIV céda sur les pendaisons et se contenta de les faire décimer pour le service des galères. Mais la garde corse fut licenciée à perpétuité et la cour de Rome dut ériger vis-à-vis l'ancien corps de garde des Corses, près de la Trinita di Pont-Sisto (aujourd'hui Trinita de' Pellegrini), une pyramide commémorative et expiatoire de l'attentat, avec longue inscription où la nation corse est déclarée indigne de servir les Papes (1).

Louis XIV avait satisfaction. Mais la position du duc de Créqui à Rome n'était pas facile. Son rappel fut décidé et il quitta Rome définitivement en juin 1665, pour être

(1) Quatre ans après, en 1668, le pape Clément VIII demanda et obtint de Louis XIV l'autorisation de faire disparaître cette pyramide.

remplacé l'année suivante par le duc de Chaulnes. Il est à présumer qu'il ne regretta pas les Romains et que ceux-ci le lui rendirent bien.

Il revenait grandi de toute l'importance qu'avait eu un pareil incident diplomatique, l'un des plus violents qui ait jamais eu lieu. Il reprit son poste auprès du Roi, fut nommé gouverneur de Paris en 1676 et envoyé l'année suivante comme ambassadeur en Angleterre. Ce fut lui qui, en 1680, porta à Munich les présents destinés à la future dauphine qu'il était chargé d'amener en France. Cette même année il achetait à M. de Guénégaud son hôtel du quai Malaquais.

Quant à sa femme, que nous avons vu signer, à l'acte de vente, de ce grand nom de Luzignan, elle s'appelait en réalité Anne-Armande et était fille de Gilles de Saint-Gelais, dit de Lezignem (ou de Lusignan) s[r] de Lansac, marquis de Balon et de Marie de Vallée-Fossez, marquise d'Éverly, ses père et mère. Les Saint-Gelais prétendaient descendre des Lusignan, mais ne le prouvaient pas et ce grand nom n'était pour eux qu'un surnom.

Le marquis de Sourdis a écrit son portrait, suivant la mode qui alors faisait fureur. Il la présente comme une honnête femme dans toute l'acception du mot, un peu plus grande que la moyenne, avec un joli teint et de belles dents. Continuant sa description, il omet par discrétion « les qualités qui contribuent principalement à la satisfaction d'un mari », mais ne fait point difficulté « de dire avec tout le monde qu'elle est une des plus belles personnes de son siècle, une des plus sages et des plus vertueuses ».

Cette famille de gens de belle prestance se composait,

outre le père et la mère, d'une fille unique qui épousa le duc de la Trémoille (1).

Le duc de Créqui tomba gravement malade quelques années après son acquisition. Longtemps sa forte constitution lutta contre le mal; il sentit venir la mort, ne l'accepta point en philosophe et mourut le 7 février 1687, à l'âge de soixante-quatre ans.

C'était donc sa fille Madeleine, la seule héritière de cette grande fortune. Elle avait épousé le 3 avril 1675 le jeune Charles-Belgique-Hollande de la Trémoille, duc de Thouars, pair de France, prince de Tarente, comte de Laval, qui fut comme son beau-père, premier gentilhomme de la chambre. Nous n'avons point trouvé de pièce relatant l'habitation de l'hôtel par ces personnages. D'ailleurs la duchesse de Créqui y demeura jusqu'à sa mort, le 11 août 1709. Nous savons qu'en 1700, trouvant insuffisantes les concessions d'eau dont jouissait l'immeuble, elle obtenait encore 12 lignes d'eau à prendre dans le regard de la fontaine de la Charité, rue Taranne, suivant la commission qui en fut faite le 30 avril par MM. les prévôt des marchands et échevins de la ville de Paris (2). Mais à cette date la vieille douairière qui s'éteignait ne pouvait plus laisser ses biens qu'à ses petits-enfants, car sa fille Madeleine était morte le 12 août 1707 et son gendre, Charles-Belgique-Hollande de La Trémoille, le 1er juin 1709. C'étaient donc les enfants de ces derniers

(1) Édouard de Barthélemy, dans sa galerie des portraits de Mlle de Montpensier, attribue deux fils à la duchesse de Créqui, mais nous ne les trouvons indiqués ni dans Lachenaye-Desbois, ni dans le père Anselme.

(2) Acte de vente de l'hôtel de Lauzun du 12 octobre 1733. Minutes de Me Billeheu, obligeamment communiquées par Me Bertrand-Taillet, titulaire actuel de l'étude.

qui héritaient. Ils étaient deux : Charles-Louis-Bretagne de La Trémoille et sa sœur Marie-Armande-Victoire, née en 1677, qui épousa le 1er février 1696 son cousin Emmanuel-Théodose de La Tour d'Auvergne, duc de Bouillon, d'Albret et de Château-Thierry, pair de France et grand chambellan.

Ici nous retrouvons un nom que nous connaissons déjà : en effet vers 1710 il figure sur une pièce domaniale (1) comme locataire de l'hôtel mitoyen, le futur hôtel de Transylvanie. Peut-être y était-il depuis plusieurs années déjà, car la pièce domaniale n'indique point de date. Nous savons qu'il n'y était plus en 1713 et que l'hôtel de M. de Boistissandeau était alors transformé en hôtel de voyageurs sous le nom d'Hôtel du Pérou. Ce fut sans doute le voisinage de ses beaux-parents, les La Trémoille, ou de la grand'mère de sa femme, la duchesse de Créqui qui attirèrent le duc d'Albret, quai Malaquais.

En tout cas, dès 1709 il eût pu rendre sa maison à M. de Boistissandeau et s'installer dans l'hôtel autrement luxueux que laissait à sa femme en mourant cette vieille aïeule que nous avons montrée plus haut se sauvant toute tremblante au milieu des insultes et des menaces de la garde corse, il y avait de cela quarante-sept ans.

(1) Arch. Nat. Q1 1099[54].

VII

Lauzun. — Un revenant. — Mariage tardif. — Les précautions d'un vieux mari. — Dernière maladie et testament du duc de Lauzun. — La duchesse de Lauzun. — Une femme de cour. — Vente de l'hôtel.

Des affaires de succession embrouillées, des règlements de comptes inextricables entre les familles de Créqui et de La Trémoille, le fait aussi qu'ils possédaient un hôtel rue de Richelieu où ils étaient installés, détournèrent le duc d'Albret et sa femme de demander à entrer en possession de l'hôtel qu'on appelait encore l'hôtel de Créqui, et les déterminèrent au contraire à faire liquider juridiquement cette situation.

C'est ce que nous apprend l'acte suivant :

Aujourd'hui sont comparus devant les notaires soussignés très haut... etc. Emmanuel-Théodose de Latour d'Auvergne duc d'Albret et... Marie-Victoire-Armande de La Trémoille son épouse... demeurant à Paris en leur hôtel rue de Richelieu, en exécution de l'arrêt ce jour d'hui rendu par nosseigneurs les commissaires du conseil nommés par le roi pour juger en dernier ressort toutes les affaires en discussion des maisons de La Trémoille et de Créquy, portant entre autres choses délaissement en pleine propriété aux dits seigneur et dame duc et duchesse d'Albret, à compte des sommes à eux dues par lesdites maisons et pour la somme de cent cinquante-six mille livres, de l'hôtel de Créquy... acquis pendant la communauté d'entre défunts M. le duc et madame la duchesse de Créquy, ledit délaissement ordonné au profit desdits seigneurs duc et dame duchesse d'Albret ou au profit de telle autre personne en faveur de laquelle ils pourraient faire leur déclaration à la charge par eux de prendre l'acquéreur pour homme et pour débiteur de ladite somme de cent cinquante six mille livres dont mesdits seigneurs le duc de la Trémoille et prince de Tarente demeureront dès à présent, comme par ledit arrêt ils sont demeurés quittes et déchargés purement et simplement envers lesdits seigneur duc et dame duchesse d'Albret, lesquels ont volontairement déclaré par les présentes que ledit délaissement dudit hôtel de Créquy est pour, au profit et en faveur de... Antonin de Nompar de Caumont, duc de Lauzun et... Geneviève de Durfort de Lorge, son épouse... demeurant rue Neuve Saint Honoré.....

Moyennant laquelle déclaration mesdits seigneurs duc et duchesse de Lauzun ont payé comptant au duc et à la duchesse d'Albret cent cinquante six mille livres.....

Fait à Paris en l'hôtel desdits seigneurs duc et duchesse d'Albret susdésignés, l'an 1712, le 3e juillet avant midi; et ont signé :

Emmanuel Théodose de La Tour d'Auvergne.
Marie Victoire de La Trémoille, duchesse d'Albret.
Le duc de Lauzun.
Geneviève de Durfort, duchesse de Lauzun.

Doyen.

Lefaivre (1).

Lauzun! Est-ce possible? Il a paru à la cour au milieu du XVIIe siècle et nous sommes en 1712. Et pourtant c'est bien lui, l'amant, presque le mari de la grande Mademoiselle, l'étonnant cadet de Gascogne qui faisait jeter sa

(1) Minutes de Lefèvre, notaire, obligeamment communiquées par Me Flament-Duval, son successeur actuel.

canne par la fenêtre à Louis XIV trop tenté de le bâtonner pour son insolence, lui, Puyguilhem, le petit Péguilin, comme on disait, avec sa laide petite figure, son nez pointu, sa morgue insupportable, sa mine ridicule d'ou-

Le duc de Lauzun, gravé par Cazenave (vers 1840), d'après Rigaud.

trecuidance et pourtant ce grand air qui, bon gré mal gré, imposait à tout le monde. C'est bien lui portant allègrement ses quatre-vingts ans; il est toujours l'homme qu'a dépeint Saint-Simon, qui s'affuble exprès de façon ridicule, met sa perruque de travers, son bonnet de nuit par-dessus, son chapeau encore par-dessus, endosse avec cela une robe de chambre et se promène ainsi de long en large, surveillant d'un ton de défi le visage de ses gens, pour voir s'il se trouvera quelqu'un qui ose rire de M. de Lauzun. Dans l'acte que nous venons de citer chacun a signé simplement son nom : lui, signe « Le duc de Lauzun ».

Et pourtant il était bien oublié; il était bien loin de tenir la place qu'il avait longtemps occupée à la cour; depuis sa disgrâce et son long emprisonnement à Pignerol, on avait pris l'habitude de ne plus parler de lui et quand il était revenu il s'était trouvé démodé, en retard de tout le temps de son absence. Ses grands airs et son emphase de mauvaise humeur semblaient surannés. Un jour le roi rit de lui après sa sortie : Lauzun était fini.

Après quelques services rendus au roi d'Angleterre, il avait obtenu la permission de reparaître à la cour, mais il ne pouvait se consoler d'avoir perdu ses charges, surtout celle de capitaine des gardes. Après la mort de la grande Mademoiselle, âgé de soixante-trois ans, il se mit en tête d'épouser Mlle de Quintin, une enfant de quinze ans, la fille du maréchal de Lorges, la sœur de la duchesse de Saint-Simon. Il espérait, par cette union et par l'influence du maréchal, rentrer en grâce et récupérer la bienheureuse charge de capitaine des gardes. Il ne demandait point de dot. Le maréchal hésitait, la maréchale s'y opposait, la jeune fille ne demandait pas mieux. Elle avait fait son compte : à ses yeux de quinze ans, Lauzun avec ses soixante-trois ans était arrivé à la plus extrême vieillesse; c'était un sacrifice de deux ou trois ans à faire pour s'assurer un douaire important, un grand nom et une haute situation à la cour. Le mariage se fit et si jamais quelqu'un fut volé, ce fut la petite de Quintin qui eut un mari vieux et du caractère le plus intraitable, non pas pour trois, mais pour vingt-huit ans.

Le mauvais effet fut général et tout le monde blâma le maréchal. Le roi lui-même ne put s'empêcher de se livrer aux faciles plaisanteries qu'inspirait cette union.

Le mariage avait eu lieu à minuit, en tout petit comité, le 25 mai 1695 et le nouveau ménage s'était installé dans l'hôtel même du maréchal de Lorges; mais sa femme et sa nouvelle famille ne furent pas longtemps sans éprouver l'effet de ce caractère impérieux et soupçonneux que l'âge n'avait fait qu'accentuer. Quoi qu'il eût toujours été extrêmement fat, il se rendit compte que, vu l'âge de sa femme et le sien, il était préférable de ne pas multiplier les comparaisons avec des jeunes gens beaux et bien faits. Or il y avait dans la famille de sa femme, deux cousins entre autres, à la fleur de l'âge, le teint frais, élégants, aimables, très intimes et familiers avec leur cousine et qui fréquentaient continuellement dans l'hôtel. Lauzun ne dit rien; mais il pensa qu'il était peut-être moins désiré qu'au beau temps où la grande Mademoiselle, au lendemain du mariage manqué, en proie au plus grand désespoir, recevait couchée, comme une veuve éplorée les visites de condoléance et s'écriait dans ses larmes, en tapant son matelas à côté d'elle. « Il serait là! il serait là! ». Il se souvint qu'il possédait une maison rue Neuve-Saint-Honoré, touchant l'Assomption et un jour, sans prévenir, enleva sa femme et l'y conduisit, invita du monde, donna à souper, lui procura mille distractions, mais lui interdit, malgré ses pleurs et ses supplications, de retourner jamais à l'hôtel de Lorges. Nous avons vu par l'acte sus-énoncé qu'il habitait encore rue Neuve-Saint-Honoré lorsqu'il acquit l'hôtel de Créqui.

Installé quai Malaquais, il effectua d'importantes réparations et fit notamment renouveler les dehors de l'hôtel (1) qui portait sans doute encore le cachet de simplicité des constructions Louis XIII. Il continua sa vie retirée et fantasque; il avait conservé la tournure élégante et montait encore à cheval; mainte fois la grande porte à deux battants s'ouvrit pour donner passage à ce mince et petit cavalier qui suivait le quai et tournait au pont Royal pour aller faire sa promenade au Bois-de-Boulogne où le jeune roi le rencontrant un jour demeura émerveillé de toutes les courbettes qu'il faisait faire à son cheval. L'été il quittait souvent son hôtel pour s'installer dans une maison de campagne qu'il possédait à Passy et où sa femme continuait à recevoir ses visites.

Au commencement de 1720, Lauzun fit une grave maladie. Il fit appeler les notaires Gaillardie et Balin qui se présentèrent le 5 février sur les quatre heures de relevée. Ils pénétrèrent dans la chambre de Lauzun qui était au premier étage dans l'aile à droite de la cour et qui donnait d'un côté sur cette cour et de l'autre sur le quai. Lauzun était au lit et dicta un testament extrêmement détaillé où il laissait des legs à tous ses serviteurs, à plusieurs parents et à sa femme qui recevait la terre de Randan en Auvergne.

Ce n'était qu'une alerte et le malade se rétablit bientôt. Le 7 novembre suivant il allait lui-même chez son notaire Balin ajouter un codicille à son testament. Mais vers la fin de 1723 Lauzun tomba de nouveau malade. Il sentit que c'était la fin et, pris de grande dévotion, se retira chez ses voisins les Petits-Augustins; là il endossa l'habit

(1) *Les curiositez de Paris, de Versailles, de Marly*... par M. L. R. Paris, 1733, in-8°, t. II, p. 126.

de moine, se fit servir par des moines et consigna la porte de sa cellule à ses collatéraux. Le 9 octobre les notaires Caron et Bapteste, mandés en hâte, arrivaient à 7 h. 1/2 de relevée, quai Malaquais. On leur fit traverser le jardin et, par une petite porte de communication, ils pénétrèrent dans les dépendances du couvent des Petits-Augustins où ils trouvèrent Lauzun au premier étage d'une maison, en une chambre ayant vue sur un petit potager, assis dans un fauteuil, près de la fenêtre. Il dicta un nouveau codicille et les fit encore revenir le 13 et le 22 octobre (1). Il deshéritait les Castelmoron ses neveux et léguait tout son bien aux Biron, mais en ajoutant ceci à M. de Biron : « Faites donner quelque chose à M. de Marseille (2) qui s'est ruiné à la peste : sinon je serai obligé de lui donner la moitié de mon bien, car c'est de tous mes parents, celui qui est le moins riche (3). » Inutile d'ajouter que M. de Biron trouva auprès du roi de tels accents d'émotion et d'admiration en parlant de Belsunce, que le prélat fut rapidement et largement pourvu.

Le mal ne cédait pas. En prières devant un reliquaire qui contenait un morceau de la vraie croix et qui lui venait de son aïeul, il vit venir la mort et l'une de ses dernières préoccupations fut de trouver un prélat digne de recevoir en legs ce reliquaire auquel il tenait tant. Pourquoi ne le donnait-il pas à Mgr de Belsunce? Il mourut le 19 novembre 1723. Il avait quatre-vingt-dix ans. Sa femme fit procéder à une licitation entre elle et

(1) Testament de Lauzun. Arch. Nat., Y. 52 (fol. 12 et suiv.).

(2) Le célèbre Belsunce, évêque de Marseille, dont la conduite fut si admirable pendant la peste de 1720 et 1721.

(3) Journal et mémoires de Mathieu Marais.

le duc de Biron, légataire universel et le 25 juin 1727 l'hôtel lui était adjugé (1).

L'histoire ne dit pas si la duchesse de Lauzun le pleura beaucoup, mais ce qu'on sait, c'est qu'elle paya cher le vilain petit calcul qu'elle avait fait en se mariant. Elle fut parfaite pour son mari, sut conserver une humeur égale devant ses boutades et ses bizarreries et ne prêta jamais à la critique. Quand elle devint veuve elle avait quarante-trois ans et sa jeunesse était passée, mais il lui restait somme toute ce qu'elle avait désiré dès son jeune âge, une situation à la cour, de la fortune et le titre de duchesse. Elle continua cette existence de parade, de coteries, d'esclavage et de supériorité sur tout ce qui n'était point de la cour. C'était là son élément; elle s'y comportait bien et y vivait à l'aise. On la voit encore le 15 mars 1737 avec sa parente, Mme de Duras, présenter à la cour Mlle de Sabran d'une grande famille de Provence qui venait d'épouser un M. de Marcussia, marseillais. Mais la noblesse insuffisante du mari soulève les protestations de tous les rigoristes de l'étiquette, qui ne prennent point le change quand il s'agit de compter les quartiers; et, avec ce que nous savons de la duchesse de Lauzun, nous imaginons qu'elle n'a point dû demeurer en reste d'intrigues, et que son petit appartement que le roi lui a donné à Versailles, au château, dans les bâtiments de la surintendance, a dû donner asile à plus d'un de ces petits complots de couloir ou d'antichambre qui suffisaient à remplir le cœur et l'esprit de tous ces beaux messieurs à talons rouges.

Dix ans après la mort de son mari, l'âge venant et

(1) Acte de vente de l'hôtel de Lauzun du 12 octobre 1733. Minutes de Me Bertrand-Taillet, titulaire actuel.

n'ayant plus le goût de recevoir à Paris, elle vendit son hôtel du quai Malaquais dans des conditions que nous relaterons plus bas. Elle avait eu du reste des difficultés avec sa voisine la duchesse douairière de Gramont, propriétaire de l'ancien hôtel de Transylvanie, qui avait contrevenu à la servitude réciproque de ne rien construire contre le mur mitoyen qui séparait les deux propriétés. Elle dut lui faire un procès qu'elle gagna du reste par arrêt du 21 juillet 1727, aux termes duquel la duchesse de Gramont était condamnée à lui payer les 10.000 livres à titre de dommages et intérêts, prévus dans la constitution même de la servitude. La campagne l'attirait; trouvant trop près de Paris la maison qu'elle s'était fait bâtir à Passy, elle la vendit à Mme de Saissac et acheta pour sa vie durant à M. d'Ecquevilly sa terre d'Olainville, près de Châtres où, avec une vue superbe, elle trouvait le vrai calme des champs.

Elle mourut le jeudi, 19 mai 1740, âgée de soixante ans. Olainville revenait naturellement à M. d'Ecquevilly. Son neveu, le duc de Randan, héritait de 60.000 livres, outre les 20.000 qu'elle lui avait déjà données en le mariant à Mlle de Poitiers. Tous ses meubles allaient à M. le comte de Lorges, frère du duc de Randan, plus 8.000 ou 10.000 livres de rente. Sa sœur, Mme la duchesse de Saint-Simon, héritait de 10.000 livres et le maréchal de Biron, des 14.000 livres de rente qu'il lui payait pour son douaire (1).

(1) Mémoires du duc de Luynes.

VIII

La princesse de La Roche-sur-Yon. — Une existence sacrifiée. — Les consolations d'une vieille fille. — Son testament. — Orthographe princière. — Le prince de Conti. — Les écuries de Madame la dauphine.

En sortant des mains de la duchesse de Lauzun, l'hôtel allait rentrer dans les biens de la maison de Conti qui l'avait déjà possédé un siècle auparavant. En effet, par acte du 12 octobre 1733 passé devant Billeheu, notaire, la duchesse de Lauzun vendait son hôtel à Louise-Adelaïde, de Bourbon-Conti, princesse de La Roche-sur-Yon, princesse du sang.

C'était une vieille fille de trente-sept ans, fort riche et qui, se trouvant mal logée dans son appartement des Tuileries, voulut être chez elle et racheta à cet effet l'hôtel de son grand-père que nous y avons déjà vu dès 1660.

La désignation de l'immeuble est un peu plus complète que dans les actes précédents : ... « l'Hôtel de Lauzun consistant en une grande porte cochère, une grande cour d'entrée ornée de portiques autour de partie d'icelle et d'une terrasse au dessus desdits portiques; quatre grands appartements de maîtres, grand escalier dans œuvre, basse-cour, entrée dans icelle par une autre porte cochère sur le quay, écuries remises de carrosses appartements au-dessus, autre appartement étant un fond de ladite basse-cour, caves, cuisines, offices, salles de commun, jardin derrière le grand bâtiment et autres appartenances circonstances et dépendances dudit hôtel, ainsi qu'il se poursuit et comporte... etc. » A l'est, le voisin est toujours la duchesse de Gramont; à l'ouest l'hôtel de la Bazinière est devenu l'hôtel de Bouillon.

Le prix était de 336.000 livres « francs deniers ». On est étonné de la plus-value de l'immeuble, quand on compare ce prix à celui de la dernière mutation, en 1712, qui n'est que de 156.000 livres. Ce prix de 336.000 livres devait être délégué aux créanciers, MM. le duc de Biron, la duchesse de Rohan-Chabot, M. de Bienne (ou de Bièvre?), la comtesse de Feuquières, la princesse de Montbazon, M. du Franc, Mme d'Argenlieu, M. du Chastelet, Mme de Fontanieu. Tous ces créanciers se trouvaient ainsi remboursés de rentes constituées en leur faveur par Mme de Lauzun et gagées sur l'hôtel.

Pour cet acte, Mlle de La Roche-sur-Yon élisait domicile chez son trésorier, le sieur de La Croix, demeurant *au petit hôtel de La Roche-sur-Yon*, rue de l'Échelle, paroisse Saint-Roch. Il y avait donc à cette époque trois hôtels de La Roche-sur-Yon : un à Versailles, celui du quai Malaquais et celui de la rue de l'Échelle, sans compter ses maisons de Charonne, de Fontainebleau, et ses châteaux de Vauréal et de Senonches, dont l'existence nous est révélée dans son testament.

Donc, pour la seconde fois, un membre de la maison de France allait vivre dans la maison bâtie par Le Barbier.

C'était une grande de la terre que Mlle de La Roche-sur-Yon et on la voit figurer dans toutes les réunions de la cour et dans toutes les fêtes. Le 8 mars 1722 elle danse le menuet avec le roi; l'autre couple est formé par l'ambassadeur d'Espagne, le duc d'Ossonne et la duchesse de Brissac. L'année suivante, l'avocat Barbier la voit passer au bois de Boulogne, à la chasse qu'y donne le prince de Conti, et le duc de Chartres se fait remarquer par son assiduité auprès d'elle. C'est l'or, ce sont les grandeurs : est-elle heureuse, cette vieille fille qu'on a essayé plusieurs fois de marier sans jamais y réussir ? Le roi a même pensé pour elle au roi Stanislas, mais le sort l'a destinée au célibat. Elle était bonne, elle était laide, elle était peu intelligente et, derrière la pompe et les hommages officiels, on songe malgré soi à la solitude de cette vie austère par son élévation même, au milieu de la foule parfumée et galante, au vide de ce cœur de vieille princesse, rentrant toute seule dans son vaste hôtel du quai Malaquais, ulcérée peut-être de n'avoir point auprès d'elle une affection, comme elle en voit au plus petit de ses gens, ulcérée de se voir mesurer, sinon refuser les prérogatives de son rang. Une vieille fille ne représente point !

Nous en étions là de nos impressions sur Mlle de La Roche-sur-Yon, lorsque nous sommes tombés sur le passage suivant des mémoires du marquis d'Argenson qui annonce sa mort : « 22 novembre 1750. — Mlle de La Roche-sur-Yon, princesse du sang, mourut hier, la nuit, de la petite vérole. C'était une bonne princesse et qui laisse beaucoup de bâtards. »

Il n'y a donc pas lieu de s'apitoyer davantage sur le vide de son existence.

En y regardant de plus près, voici du reste ce qu'annonce le journal de Barbier à la date du 24 octobre 1737 : « Le roi annonce le mariage du comte de Roucy qui est La Rochefoucauld en son nom et qui s'appelait, il y a quelques années, le comte de Marthon. Le roi le crée duc de La Roche-Guyon, au sujet de son mariage prochain avec Mlle de La Rochefoucauld, fille du duc. Depuis un temps infini, ce seigneur était l'ami déclaré de Mlle de La Roche-sur-Yon, princesse du sang. On croyait même dans le monde qu'ils étaient mariés secrètement. »

Elle mourait à cinquante-quatre ans (1). Le lendemain de sa mort, Jean Chavray, son intendant, vit arriver successivement à l'hôtel M. Jean-René Fontaine, secrétaire des commandements de Mgr Louis-Philippe d'Orléans, duc de Chartres et de Louise-Henriette de Bourbon-Conti, duchesse de Chartres, son épouse, nièce de la défunte, Louis-François de Bourbon, prince de Conti, lui-même, frère de la duchesse de Chartres et neveu de la défunte; enfin deux notaires, Me Trutat et Me Roger.

Ces personnages se mirent à fouiller partout, ouvrant tous les tiroirs et tous les meubles et n'eurent de cesse que lorsqu'ils eurent avisé une petite cassette qu'ils ouvrirent et où ils trouvèrent une enveloppe cachetée qui était le testament olographe de la princesse. Alors ils se mirent à écrire, dressèrent procès-verbal de ce qu'ils avaient fait et trouvé et s'en allèrent.

Voici ce testament :

Au non du père et du fils et du sint esprit Cesy est mon testaman. Je fais Monsieur le prince de Conti mon neveux, mon légataire universelles. Je suptitue touts les biens quils aura de moy à M. le conte de lamarche et au fils du conte de lamarche et dénés en énés ten quil yen aura dans la benche de Conti. Si la brache de Conti finisoit je veux que mon bien retourne à madame la duchesse de Chartre, ma nièce ou a ces anfans si elle nestoit plus. Je ne mais poin dens la suptitusions ma messons de Paris selle de Versaille et de Fontim-

(1) Elle était née le 2 novembre 1696.

blaue; je veux que lon les ventes pour payer largens ipotaiqué sur ces messons et que le surplus de l'argens que l'on tirera de ces trois messons et de la vente de mes meubles serves à paié mes daite criarde. Je charge mon neveus ou celuy qui éritera de moy de paiere toute mes daite et tous les lais que je fais dans ce testaman..... »

Ici commence le détail des dispositions : tous ses diamants et, en viager, ses droits sur les sels de Brouage vont à sa nièce, la duchesse de Chartres; M. Blesre, conseiller en la grand-chambre, son exécuteur testamentaire, reçoit 50.000 livres; puis aux officiers de sa maison elle laisse des pensions se montant : à 4.000 livres pour sa dame de compagnie, Mme de Tournemine; à 2.000 livres pour M. de Saint-Denis son écuyer; à 2.000 livres pour Honoré son contrôleur, etc., etc... Jusqu'à la livrée qui reçoit 400 livres de pension après 10 ans de service; elle lègue 2.000 livres une fois payées à tous les autres; 5.000 livres pour les pauvres et 3.000 livres pour des messes (1).

Le prince de Conti qui se trouvait en possession de l'hôtel de La Roche-sur-Yon ne vint point s'y installer et chercha à le vendre. C'était un homme de trente-trois ans, très brillant, très bon officier général, très viveur aussi et sympathique à tout le monde. Il avait fait ses premières armes à seize ans et, avant vingt ans, il était lieutenant général. Il avait fait campagne en 1741 sous le maréchal de Belle-Isle en Bavière; puis en 1744, en Piémont contre le roi de Sardaigne, où ses grenadiers avaient acquis une renommée de véritables démons par leur audace et leur endurance, montant à l'assaut sous la

(1) Minutes de Me Fontana.

mitraille et passant par les embrasures des canons pendant le recul des pièces. Il avait encore guerroyé en 1745 en Allemagne, et en 1746 en Flandre, mais tous ces beaux états de service pesaient peu en comparaison d'une terrible mauvaise note : il déplaisait à Mme de Pompadour. Il était populaire, la favorite ne l'était pas, et cet esprit d'indépendance et d'opposition du prince le firent écarter de l'armée.

Au moment où le prince entrait en possession de l'héritage de sa tante, de grands projets s'ourdissaient dans l'ombre, entre le roi et lui. Louis XV, qui personnellement l'aimait, avait songé à lui pour la couronne de Pologne et s'était lancé dans une politique occulte et inavouée qu'on a appelée « Le secret du roi ». Il y eut à la cour lutte entre cette politique secrète et celle du ministre d'Argenson qui cherchait à établir en Pologne la maison de Saxe avec le concours de la Prusse contre la Russie et l'Autriche. La dauphine, Marie-Josèphe de Saxe, la mère de Louis XVI, cherchait à mettre en avant un frère qu'elle idolâtrait. Pendant plusieurs années ces deux politiques luttèrent, et le prince de Conti put rêver une couronne. Mais en 1755, la politique de d'Argenson, soutenue par Mme de Pompadour l'emporta et la guerre de Sept ans éclata.

Déçu, irrité, le prince de Conti demanda un commandement. Il ne l'obtint pas. Ce fut sa retraite définitive. Retiré dans son palais du Temple ou à sa terre de l'Isle-Adam, il vécut à l'écart de la cour, formant un noyau d'opposition, tenant lui-même une véritable petite cour. Il fit de l'opposition au parlement Maupeou, il en fit plus tard à Turgot. Son cénacle était présidé par sa maîtresse, la comtesse de Boufflers qui chercha, sans y réussir, à se faire épouser. « Les idoles », lisez les habitants du Temple, comme les appelle Mme du Deffand, avaient réuni une société un peu précieuse, un peu affectée, mais raffinée et cultivée qui avait élu pour divinité supérieure Rousseau; on y défendait l'atrabilaire et peu sympathique philosophe contre d'Alembert et Diderot. Il ne tarda pas du reste, par mille absurdités ou incongruïtés, à leur prouver qu'on ne pouvait demeurer longtemps son ami.

En attendant, comme les acquéreurs ne se présentaient pas, le prince de Conti mit en location l'hôtel de La Roche-sur-Yon. Qui l'occupa de 1750 à 1761? C'est ce que nous n'avons pu trouver; mais nous avons connaissance d'un bail du 15 juin 1761 consenti pour neuf ans par le prince à M. Louis-René Pinson, argentier de Mme la Dauphine, agissant en cette qualité, pour logement des écuries de cette princesse. Le loyer était de 10.000 livres par an et le prince de Conti se réservait la faculté de résilier en cas de vente en prévenant un an d'avance. Il est à remarquer que ce bail, passé devant Me Maréchal (1), notaire, en juin 1761, prenait son effet de Noël 1760. Peut-être y eut-il avant cette date une autre période de location pour le même usage sans bail notarié.

Il ne faudrait pas croire que le service entier des écuries de la dauphine fût installé quai Malaquais. L'hôtel, si grand fût-il, eût été loin de pouvoir y suffire.

Marie-Josèphe de Saxe avait une maison considérable et il existe aux archives nationales (2) tout un dossier qui nous montre ce qu'il en coûtait et nous donne des chiffres qui nous étonnent aujourd'hui.

(1) Actuellement Me Fontana.
(2) Arch. Nat. O^1, 3744.

Voici, d'après un état dressé à Versailles le 31 décembre 1746, à la veille de son mariage, la composition de son écurie.

1 premier écuyer : le c[te] de Rubempré,
1 écuyer ordinaire : le chevalier de Piolenc,
1 écuyer servant par quartier (il y en a donc quatre),
9 grands valets de pied,
1 valet de pied pour le carrosse des femmes,
4 muletiers,
2 maréchaux de forge,
2 fourriers d'écurie,
2 porte-manteaux,
1 gouverneur des pages : M. Boucher de Crouville,
1 précepteur des pages : l'abbé d'Orvalle,
1 garde meubles : le sieur de La Grange,
8 cochers, dont 2 du corps,
7 postillons,
1 écuyer cavalcadour : le sieur Pichon de la Rivoire,
1 argentier de l'écurie : le sieur Pinson,
1 maître d'armes des pages : le sieur Rousseau,
1 maître à danser des pages : le sieur Bourdon,
1 maître de mathématiques des pages : le sieur Leblond,
L'aumônier des pages,
4 porteurs de chaises,
1 maître à écrire des pages,
1 maître à voltiger des pages,
1 concierge de l'écurie de Versailles,
4 maîtres palefreniers,
4 petits valets de pied pour le premier écuyer,
Le portier de l'écurie de Versailles,
126 chevaux,
12 pages.

Et les palefreniers ne sont pas mentionnés dans cette liste déjà respectable, non plus du reste que l'écurie de Paris, qui sans doute n'était pas encore prévue; du reste, à cette époque (1746), Mlle de La Roche-sur-Yon vivait encore et habitait son hôtel.

Un peu plus loin se trouve dans le dossier une note anonyme du 1er septembre 1758, proposant de réduire l'écurie de la dauphine qui est devenue d'une dépense beaucoup plus considérable que celle de la reine. Pour l'année 1761, c'est-à-dire pendant la première année du bail ci-dessus mentionné, nous trouvons dans un état récapitulatif de la maison de la dauphine les deux chiffres suivants rien que pour l'écurie :

1er état.	71.900$^{\#}$, 2^{s},9^{d}
2e état.	47.009$^{\#}$,16^{s},8^{d}
Total	118.909$^{\#}$,19^{s},5^{d}

Peut-être ces deux états se rapportaient-ils l'un à l'écurie de Versailles et l'autre à l'écurie de Paris.

Enfin une pièce nous indique les réformes que le roi voulut faire à la maison de la dauphine au lendemain de la mort du dauphin. Cette pièce n'est point datée, mais il y est question des obsèques à Saint-Denis ; nous savons ainsi qu'il s'agit de l'année 1765. Elle est intitulée : « Extrait des décisions du Roi sur la manière dont le Roi veut que l'écurie de Mme la Dauphine soit conduite à commencer le 15 de ce mois jusqu'au premier janvier prochain. » Examinons cette instruction. Nous y voyons que le nombre des chevaux est fixé à 129 et qu'actuellement il y en a 20 de trop que l'on fera vendre. Le sieur Pinson, argentier de l'écurie, sera chargé de les nourrir à raison de 23 sols par jour et par tête et de surveiller l'entretien. On se contentera d'un palefrenier pour cinq chevaux et on renverra tous les autres. On ne prêtera plus de chevaux à une infinité de personnes, comme par le passé; cependant, comme il ne faut pas exagérer les choses tout en étant très modéré, M. le comte de Rubempré, premier écuyer, choisira 15 chevaux pour son service. Les pages seront rendus à leurs familles aussitôt après les obsèques à Saint-Denis. On réformera 2 cochers, 4 postillons, 31 aides, 1 garçon de grenier, 2 porteurs de chaise, le concierge délivreur à Paris, le balayeur et le garçon de l'argentier.

Nous savons par M. Paul Caillard, le fils du dernier propriétaire de l'hôtel qui nous occupe, et dont nous parlerons plus bas, que les bâtiments des écuries pouvaient contenir une vingtaine de chevaux. Ce n'était donc qu'une faible partie de cet important service qui était installé à Paris. L'argentier, le sieur Pinson, y demeurait, et cela se comprend, pour les nombreux marchés qu'il avait à passer journellement; peut-être aussi les pages que l'on menait sans doute au collège, puisque nous ne voyons figurer sur l'état aucun maître, autre que les maîtres d'art d'agrément, sauf celui de mathématiques. Quoi qu'il en soit, nous n'avons point trouvé de pièce indiquant les parties du service de l'écurie établies respectivement à Versailles et à Paris.

IX

Le duc et la duchesse de Mazarin. — Un couple prodigue. — Un conseil de famille. — Réparations et embellissements. — Fêtes et bals à l'hôtel Mazarin. — Une invasion de moutons. — Un roi de marionnettes. — Mort et obsèques de la duchesse de Mazarin. — Succession obérée. — La garde-robe et le mobilier.

Tandis que le prince de Conti cherchait un acquéreur pour l'hôtel de la Roche-sur-Yon et le louait en attendant dans les conditions que nous venons de voir, un couple bien moderne, c'est-à-dire bien XVIIIe siècle, brûlait la vie joyeusement, vivant séparé de biens en droit, et séparé de corps en fait, se passant toutes les fantaisies, mangeant à belles dents leur superbe fortune, étalant l'un et l'autre un luxe et une prodigalité que d'autres époques n'ont point revus. Le mari s'appelait Louis-Marie-Guy d'Aumont, duc de Mazarin, marquis de Piennes, baron de Chappes, maréchal des camps et armées du roi ; la femme de ce haut et puissant seigneur était Louise-Jeanne de Durfort de Duras, duchesse de Mazarin et de Mayenne. Ils étaient à cette époque dans l'épanouissement, elle de ses trente-deux, lui de ses trente-cinq ans (1) et, d'après ce que

(1) Il était né le 5 août 1732, elle, le 1er septembre 1735, et ils s'étaient mariés le 2 décembre 1747. Ils n'eurent qu'une fille, née le 2 octobre 1759, qui épousa le duc de Valentinois.

nous connaissons de leur genre de vie, ne se préoccupaient guère de réparer par une gestion avisée les brèches qu'ils faisaient joyeusement à leurs héritages. Mais le plus fou des deux était encore le duc de Mazarin. Ce titre ne venait pas de sa famille; c'était sa femme qui le lui avait apporté en dot avec les biens des ducs de Mazarin et de la Meilleraye. Quelque large que fût l'esprit de ces grandes familles de cour, on finit par trouver que le duc de Mazarin dépassait tout de même la mesure et une sentence du Châtelet du 23 juin 1763, lui donna un conseil judiciaire et le sépara de biens d'avec sa femme. Ceux qui s'occupaient des intérêts de la duchesse de Mazarin trouvèrent sans doute que lui faire acheter un immeuble était une mesure prudente, et le 19 juin 1767, son intendant, Joseph Pialat, muni le toutes les procurations et pouvoirs requis, se rendait au palais du Temple, chez le prince de Conti, avec les notaires, Mᵉ Laideguive et son collègue, pour y signer l'acte de vente de l'hôtel de la Roche-sur-Yon que le prince de Conti cédait à la duchesse de Mazarin moyennant 400.000 livres. Les droits d'eau qui se montaient à 16 lignes étaient encore compliqués de certains droits personnels aux Mazarin et d'échanges consentis entre Mˡˡᵉ de la Roche-sur-Yon et le duc de Bouillon, son voisin à l'ouest; bref l'hôtel se trouvait avoir des droits d'eau de trois provenances : d'Arcueil, de Seine et de la fontaine Taranne.

La servitude de vue était naturellement maintenue et la nouvelle propriétaire devait entrer en jouissance le 1ᵉʳ juillet suivant. Une clause spéciale l'obligeait à entretenir et exécuter le bail actuellement subsistant dudit hôtel, tel qu'il avait été passé par Mᵍʳ le prince de Conti pour le logement des écuries de Madame la Dauphine.

Aux personnages que nous avons vus pénétrer dans le palais du Temple pour signer le présent acte, un autre était venu se joindre, le sieur Delacassine, qui avait à jouer un rôle purement nominal, comme l'autorité maritale qu'il venait représenter. Il était en effet le curateur du duc de Mazarin interdit et se présentait avec l'autorisation d'un bien beau conseil de famille :

Emmanuel-Félicité de Durfort de Duras, duc de Duras, pair de France, beau-père.

Louis-Marie d'Aumont, duc d'Aumont, pair de France, père de l'interdit.

Charles de Rohan, prince de Soubise, pair et maréchal de France, oncle à la mode de Bretagne.

Étienne-François de Choiseul d'Amboise, duc de Choiseul, pair de France, ami.

Louis-César, duc d'Estrées, maréchal de France, cousin.

Louis de Neuville, duc de Villeroy, beau-frère.

M. Phelippeaux, comte de Saint-Florentin, ministre d'État, ami.

L'acte fut donc signé, mais le duc et la duchesse de Mazarin demeurèrent à l'hôtel de Soubise qu'ils habitaient, rue du Paradis, paroisse Saint-Jean-en-Grève, en attendant qu'un arrangement fût pris avec le secrétaire des commandements de la Dauphine relativement aux écuries de cette princesse et au bail en cours. Nous ignorons ce qui fut décidé et, conséquemment, la date précise où la duchesse de Mazarin vint s'établir quai Malaquais. Mais en tout cas, nous savons qu'elle y fit faire de nombreuses et importantes réparations et embellissements; entre autres choses, elle fit décorer le plafond de son salon par Gabriel Briard, de l'Académie de Peinture, qui prit pour sujet les noces de Psyché (1). Les travaux de Briard pour la duchesse ne se bornèrent sans doute point là, car lorsqu'il mourut, le 19 novembre 1777, dans son appartement du deuxième étage, rue Saint-Thomas du Louvre, dans la maison de M. Boulé, commissaire des guerres, on releva dans l'in-

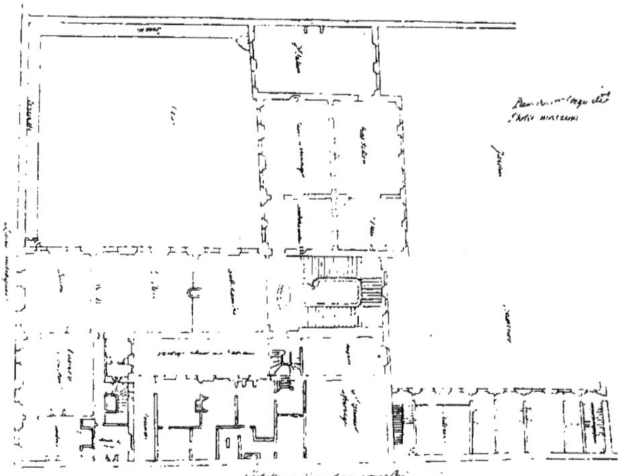

Plan du premier étage de l'Hôtel Mazarin (nos 11 et 13 du quai).
[Arch. Nat. N. III. 857. Seine.]

ventaire un contrat de rente viagère de 1.200 livres, constituée sur la tête du défunt par la duchesse de Mazarin (2).

Il est probable que ce ne fut pas tout de suite que cette dernière s'établit quai Malaquais. Cependant, dès l'année suivante, en 1768, la chronique parle des fêtes qu'elle donne dans son hôtel. Car la duchesse de Mazarin était une

(1) Le Bas, *Dictionnaire encyclopédique de la France*.
(2) *Archives de l'art français*, 2e série, t. VI (1885), p. 80.

personne fort lancée dans la haute société, recevant beaucoup, aimant le faste et ne se plaisant que dans cette cohue élégante, aimable, spirituelle et futile qu'était alors la bonne société française. Grande, trop forte, belle, elle eût eu un air de déesse, si elle n'eût vécu au XVIIIe siècle où le ton de divinité n'était plus de mise. Ces traits majestueux se trouvaient corrigés par une extrême gaîté, et il en résultait un ensemble qui n'était point harmonieux et manquait de prestige. Mais comme elle dépensait follement et donnait des fêtes splendides, cela n'empêchait pas la foule de courir à ses invitations. Ses galanteries, qu'elle ne cherchait même point à envelopper de mystère, ne gênaient personne et la vie lui semblait trop belle et trop bonne pour que de petites mésaventures pussent altérer sa bonne humeur.

« Elle était, dit Mme de Genlis qui fréquentait chez elle, la personne la plus malheureuse en beauté, en magnificence et en fêtes, qu'on ait jamais vue dans le monde. Elle était beaucoup trop grasse pour être agréable, mais elle était très belle; elle avait un teint éclatant; on lui trouvait des couleurs trop vives; la maréchale de Luxembourg disait qu'elle avait non la couleur de la rose, mais celle de la viande de boucherie. Ce mot est cruel, il fit fortune, et voilà une fraîcheur deshonorée.

« On disait que la fée Guignon Guignolant avait présidé à la naissance de la duchesse de Mazarin. En effet, elle était fraîche et très belle et ne plaisait à personne. Elle avait des diamants superbes; quand elle les portait, on disait qu'elle ressemblait à un lustre. Ses soupers étaient les meilleurs de Paris; on s'en moquait parce que les mets y étaient un peu déguisés. Elle était obligeante et polie; on prétendait qu'elle était méchante. Elle ne manquait pas d'esprit, on citait d'elle beaucoup de bons mots; et sans cesse elle faisait et disait les choses du monde les plus déplacées. Son faste était extrême et elle avait la réputation d'être avare; elle donnait les fêtes les plus magnifiques, et il s'y passait toujours quelque chose de ridicule; enfin un succès pour elle était une chose impossible. Un jour, dans le cours de l'hiver, elle conçut l'idée de donner dans sa superbe maison de Paris une fête champêtre. Elle rassemble un monde énorme dans son salon nouvellement décoré et rempli de glaces dont la plupart, placées dans des espèces de niches, occupaient tout le lambris jusqu'au parquet. A l'extrémité de ce salon était un cabinet qu'on avait rempli de feuillage et de fleurs et en ouvrant une porte, on devait voir, à travers un transparent, un véritable troupeau de moutons bien blancs, bien savonnés, défiler dans ce bocage et conduits par une bergère, danseuse de l'Opéra. Tandis que l'on préparait cette scène ingénieuse et que la compagnie dansait dans le salon, les moutons enfermés s'échappèrent on ne sait comment, et, sans chiens et sans bergère, se précipitèrent tout à coup en tumulte dans le salon, dispersèrent les danseurs et furent donner de grands coups de tête dans les glaces; les bonds, les bêlements du troupeau effarouché, le bruit qu'ils faisaient en fendant et brisant les glaces, les cris et la fuite des femmes, les éclats de rire des danseurs formèrent une scène beaucoup plus amusante que n'aurait pu l'être la pastorale dont cet accident priva l'assemblée. Pour moi, je la trouvais une bonne femme, parce qu'elle était grasse et rieuse (1). »

Vers la fin de l'année 1768, alors que la duchesse de Mazarin était tout nouvellement installée quai Malaquais, Paris fut fort agité par la venue du jeune roi de Danemark, Christian VII, qui avait succédé à son père deux ans avant, et avait épousé Caroline-Mathilde d'Angleterre, la sœur du roi Georges III. Ce tout jeune roi de dix-neuf ans arrivait de Londres où il était en août, et la cour se mit en frais pour le recevoir; ce ne furent que fêtes, revues, bals, comédies, si bien que le malheureux enfant, au bout de quelque

(1) *Mémoires de Mme de Genlis*, t. II.

temps de ce régime, donna les signes d'une grande fatigue et d'un ahurissement complet. Dans sa nombreuse suite, son favori, le jeune Holke, étalait avec fatuité et candeur une faveur qui ne devait pas le mener bien loin; mais parmi les autres personnages ornés du cordon blanc, il en était un qui se faisait peu remarquer, demeurait au second plan et devait pourtant tenir dans l'histoire une autre place que le sémillant Holke : c'était Struensée, le médecin du jeune roi. On sait son histoire, l'ascendant qu'il prit sur son souverain, son admiration pour Rousseau et Helvétius, son ministère, ses réformes violentes, radicales, le bouleversement du vieux Danemark, le mécontentement du parti adverse, la chute de Struensée, son procès et son exécution, le 28 avril 1772. Se doutait-il déjà, en glissant ses talons rouges sur les parquets parisiens, que la destinée allait si vite le tirer de la foule et le porter à tous les extrêmes de la fortune et de l'adversité?

Pour le moment, Christian VII ne semblait pas beaucoup se préoccuper de réformes; il continuait sa vie de fêtes. « Il est si petit, avait dit de lui Horace Walpole quand il avait passé à Londres(1), qu'on le jugerait sorti d'une noisette, comme nos princes des contes de fées. Cependant il n'est ni mal bâti ni grêle. Il est pâle sans doute et son visage est maigre, mais je ne le trouve pas laid du tout. Il a beaucoup des traits du feu roi. Son air est plus noble que léger, et si l'on considère qu'il n'a pas vingt ans, on le trouve aussi bien que peut l'être un roi de marionnettes. »

Cette pâleur ne dut pas diminuer à Paris, car voici ce que Mme du Deffand écrit, le 13 novembre, à son ami

(1) Lettre de H. Walpole à George Montagu, du 13 août 1768.

Horace Walpole : « Nous ferons crever le petit Danois ; il est impossible qu'il résiste à la vie qu'il mène ; c'est tous les jours des bals, des opéras comiques, des comé-

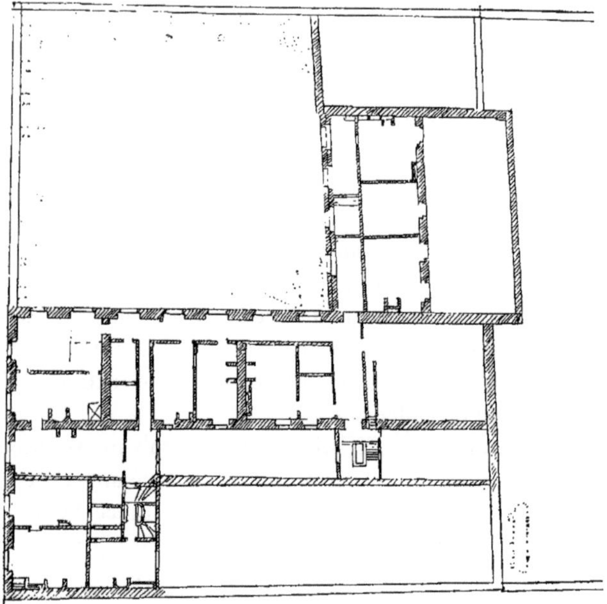

Plan du 2e étage dans les combles de l'Hôtel Mazarin (nos 11 et 13 du quai). [Arch. Nat. N. III. 857. Seine.]

dies à toutes les maisons royales qu'il visite. Le roi le comble de présents et d'amitiés, le traite comme son fils... »

Devant une pareille vogue, la duchesse de Mazarin n'avait pu résister au désir impérieux de posséder chez elle la merveille du jour, et supplia la petite Majesté de la combler d'honneur en acceptant une fête qu'elle désirait passionnément lui offrir. Cédons la parole à Mme de Genlis :

« Mme de Mazarin lui donna une fête dans laquelle on trouve encore le guignon qui la poursuivait : on savait que le prince avait beaucoup loué le jeu de Carlin de la comédie italienne, et l'Arlequin le plus parfait qu'on ait jamais vu; Mme de Mazarin eut l'idée de faire représenter chez elle une pièce du théâtre italien que le roi ne connaissait pas; cette pièce était intitulée *Arlequin barbier paralytique.* Le jour de la fête, après un beau concert, la duchesse conduisit le roi dans une salle où l'on trouva un joli théâtre. Le roi fit placer Mme de Mazarin à côté de lui; aussitôt, le spectacle commença. Le roi ne savait que très imparfaitement le français; dans toutes les représentations théâtrales des fêtes qu'on lui avait données jusqu'alors, on avait toujours commencé par des prologues faits à sa louange et dont toutes les allusions faites pour lui étaient vivement applaudies. Ce prince prit pour un de ces prologues la pièce d'*Arlequin barbier paralytique,* et à chaque acclamation qu'excitait le jeu de Carlin, le roi s'inclinait et d'un ton modeste et reconnaissant, il remerciait Mme de Mazarin, en répétant qu'elle était trop bonne, qu'il était confus, qu'il ne méritait pas des éloges aussi délicats, etc. L'embarras de la duchesse était inexprimable; n'osant par respect le désabuser, elle ne savait que répondre; elle fut au supplice pendant toute cette représentation. Elle n'en fut pas quitte après le spectacle, car rentré dans le salon, le roi s'épuisa encore en nouveaux remerciements qu'il fit à haute voix; ne se lassant point de s'extasier sur la grâce et la finesse des allusions et sur l'amabilité bienveillante des spectateurs qui les avaient tant applaudies(1). »

Sans doute quelqu'un l'avertit de la bévue qu'il avait

(1) *Mémoires de Mme de Genlis.*, t. I, note de l'auteur.

commise, aussi se promit-il de ne point retomber dans pareille erreur; mais le monde est divers, et plein de surprises pour ceux qui n'en perçoivent pas prestement les nuances et les variations; voici ce que nous raconte Mme du Deffand :

« ... Il (le roi de Danemark) n'a point paru sensible à aucune des fêtes qu'on lui a données; quand, au spectacle, le parterre applaudit, il bat des mains. A Chantilly, on présenta *le Sylphe;* l'acteur qui chanta :

Vous êtes roi, jeune et charmant
Et vous doutez qu'on vous adore,... etc., etc.

se tourna vers lui. Tout le monde battit des mains et lui avec les autres : de là on a jugé qu'il était imbécile. Je suspends mon jugement; je crois que c'est un enfant fatigué, ennuyé, étourdi de tout ce qu'on lui fait voir et entendre (1). »

Si on lui signala cette nouvelle bévue, il dut vraiment envoyer tout au diable. Du reste, le vendredi 9 décembre, il quittait Paris après un séjour d'un mois et demi (2).

Le roi de Danemark parti, la duchesse de Mazarin ne se trouva point desœuvrée pour cela, car elle était au contraire dans de grandes intrigues de cour pour lesquelles tout Paris se passionnait. C'était le moment où Mme du Barry prenait position de maîtresse déclarée. Elle avait presque tout le monde contre elle, et l'on douta longtemps que le roi eût l'audace de la faire présenter à la cour. Cela eut lieu pourtant et la

(1) Lettre de Mme du Deffand à Horace Walpole, du 7 décembre 1768
(2) Il était arrivé le 21 octobre.

duchesse de Mazarin, on se demande dans quel but, prit résolument parti pour la favorite et lui fit toutes les avances possibles qui, comme bien on pense, furent accueillies avec joie. Ce fut contre la duchesse de Mazarin

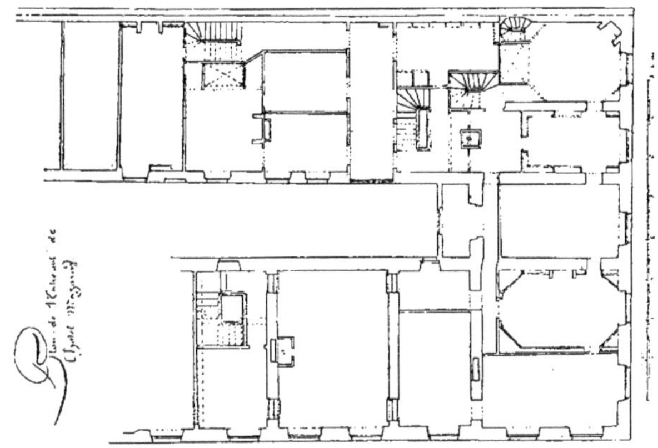

Plan de l'entresol de l'Hôtel Mazarin
(n° 13 du quai). [Arch. Nat. N. III. 857. Seine.]

un déchaînement général; on ne parla que de ses bassesses vis-à-vis de « la Créature ». « On ne peut, écrit Mme du Deffand (1), pousser l'héroïsme de la bassesse et du ridicule à un plus haut degré. » Mais cette grosse duchesse réjouie n'en avait cure et continuait à donner des fêtes auxquelles tout Paris se pressait. A la période la plus âpre de la question du Barry, en 1770, elle n'hésitait pas à inviter à son château de Chilly, à cinq lieues de Versailles, la jeune dauphine Marie-Antoinette qui,

(1) 3 mars 1772.

malgré ses rigueurs pour la favorite et son parti, acceptait de souper chez elle et écrivait le 29 septembre 1770 à sa sœur Marie-Christine : « ... J'ai été bien autrement satisfaite d'un joli souper que la duchesse de Mazarin nous a donné à Chilly. C'était superbe et d'une prodigalité surprenante, avec un air de fête dont nous sommes revenus enchantés. C'est une Durfort-Duras qui est très singulière et à l'air d'une Calypso(1). »

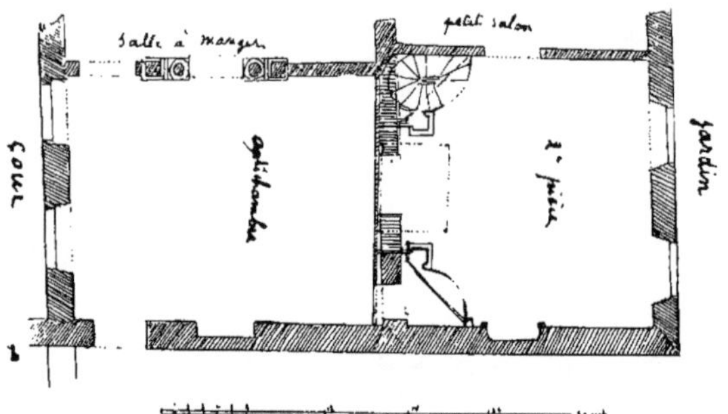

Plan de l'antichambre et d'une chambre de l'Hôtel Mazarin (1er étage au fond de la cour) (n° 11 du quai).

[Arch. Nat. N. III. 857. Seine.]

Cette singulière duchesse avait ses moments d'humeur et en eut un contre sa fille à qui elle reprochait de mauvais procédés à son égard. Elle n'imagina rien de mieux, pour se venger, que de se procurer un autre héritier, afin de diminuer la fortune de sa fille et, pour cela, alla faire visite à son mari dont elle vivait séparée depuis longtemps. Elle passa quelques heures avec lui et depuis ce moment,

(1) *Louis XVI, Marie-Antoinette et Madame Élisabeth.* Lettres et documents inédits publiés par Feuillet de Conches, t. I, p. 11.

alla partout annonçant qu'elle était enceinte. Il n'en était rien, mais son gendre vécut des heures pleines d'anxiété.

Au commencement de 1781 elle était gravement malade; elle n'avait que quarante et un ans, mais avec ses dispositions apoplectiques, elle abrégea ses jours par la bonne chère qu'elle faisait continuellement et aussi par l'abus du « corps » qu'elle portait terriblement serré pour essayer d'avoir la taille fine.

Elle mourut dans la nuit du 16 au 17 mars 1781. Son mari était auprès d'elle; il envoya tout de suite réveiller le commissaire au Châtelet, Serreau, qui arriva dès 4 heures du matin pour apposer les scellés. Il trouva toute la maison sur pied. On le fit monter au premier étage jusque dans la chambre de la duchesse, située dans l'aile ouest et dont les fenêtres donnaient d'un côté sur le quai et de l'autre sur la cour d'honneur. Là il trouva le duc de Mazarin qui lui déclara que sa femme venait de mourir dans cette pièce même et l'invita à remplir son office (1). La mort même de la pauvre femme, pas plus que ses obsèques, ne purent se faire correctement, et occasionnèrent du scandale. D'abord elle refusa le prêtre; alors la famille indignée l'introduisit malgré elle; elle le congédia avec humeur. Quand elle fut morte, le curé de Saint-Sulpice, sa paroisse, chargea un vicaire de convoyer le corps jusqu'à Chilly où devait avoir lieu l'inhumation. Arrivé là, entouré de toute la famille en deuil, le vicaire commença l'oraison funèbre de la défunte et soit maladresse, soit ressentiment de son attitude au moment de la mort, la qualifia de « Madeleine pécheresse et malheureusement point Madeleine pénitente ». A ce mot malheureux, la famille

(1) Arch. nat., Procès-verbal du commissaire Serreau. Y. 15391.

furieuse eut peine à garder le silence, mais sitôt rentrée à Paris, porta plainte. Le vicaire fut interdit et le pauvre curé si ennuyé de toute cette histoire qu'il en tomba malade (1).

La mort de la duchesse de Mazarin ne fut sans doute pas un deuil bien cruel pour ses enfants. Il n'en fut pas de même pour tout le monde et la Correspondance secrète où nous avons trouvé les détails ci-dessus s'exprime ainsi : « Personne ne sentira plus vivement cette perte que M. Radix de Sainte-Foix, anciennement ministre du duc de Praslin, et maintenant surintendant des finances du comte d'Artois, à qui cette connaissance n'était probablement pas inutile pour lui aider à soutenir des dépenses énormes (2). »

Les gens d'affaire entrèrent en mouvement et trouvèrent une situation tellement compliquée, un passif si considérable, des dettes tellement nombreuses, tellement criardes, et de natures si diverses que la fille de la duchesse de Mazarin, Louise-Félicité-Victoire d'Aumont, qui avait épousé en 1758 le duc de Valentinois, n'accepta la succession de sa mère que sous bénéfice d'inventaire. Tout de suite se forma une union des créanciers qui nommèrent pour séquestre M[e] Brichard, notaire. Le mobilier fut mis en vente et le duc de Valentinois et sa femme se le firent adjuger pour 84.841 ″, 15[s], 7[d]. Parmi les nombreux articles détaillés, nous citerons les suivants qui donnent une idée d'un mobilier et d'une garde-robe de grande dame à cette époque :

(1) *Correspondance secrète sur Louis XVI et Marie-Antoinette*, publiée par M. de Lescure.

(2) *Correspondance secrète* précitée, lettre du 20 mars 1781.

Adjudications faites à M. le duc de Valentinois depuis le 12 décembre 1781.

2 bras de cheminée dorés par Gouthière	800 #
1 chiffonnier orné de 15 morceaux de porcelaine de Sèvres	530 #
1 chiffonnier orné de 12 morceaux de porcelaine de Sèvres, garni de bronze	770 #
1 commode à 4 panneaux de laque, milieu rond en porcelaine de Sèvres	3720 #
1 feu en vase de bronze doré	303 #
1 paire de bras dorés	384 #
1 feu doré	278 #
1 montre à répétition	415 #
1 robe faite de satin brodé à chenille	444 #
1 chapeau blanc avec plume	40 #
1 grand habit de gourgouran brodé en soie nuancée	354 #
1 chapeau lilas garni de fleurs	39#, 1
1 canne à parasol	30 #
1 canne à pomme d'or	122 #
1 lunette de spectacle	13#,19
1 bague en jarretière de roses	30 #
Boîte longue à cristaux, des cheveux dessous, doublée d'or et garnie de perles	300 #
2 couteaux d'écaille dont un à lame d'or	150 #
1 portefeuille de maroquin	164 #
Boîte d'or émaillée à 8 pans garnie de tableaux	800 #
Boîte d'or ronde émaillée en turquoise	523 #
Autre boîte d'or émaillée en couleur prune à Monsieur	601 #
Autre boîte d'or émaillée en camaïeu lilas	652 #
Toilette de laque et miroir	1058 #
Lévite de percale	102 #
Mantelet de gaze anglaise	61 #
Polonaise de taffetas « géroflée »	218 #
Sultan de moire brodée	50#, 1
2 housses de chaise percée	15 #
Bonnet de gaze à mouches	60 #
Frac et jupe de prunelle puce	69#, 2
Tablier de dentelle d'Angleterre	650 #
Éventail à lorgnette	43#, 10
Dessus de toilette de croisé écarlatte	36#, 10

1 bouteille de miel d'Angleterre	9 ″
17 aunes de moire fond blanc	200 ″
14 aunes de velours fond blanc	251 ″
9 aunes de « peau de poulle » paille	89 ″

(Suit tout un lot d'étoffes en pièces).

36 verres à vin de liqueur	6″, 7
24 verres anglais idem	15 ″
Déjeuner en triangle de porcelaine	75″, 2
3 douzaines d'assiettes, compotiers, seaux et verrières de Sèvres	922 ″
Jatte à punch et seau idem	361 ″
12 tasses de Sèvres	181 ″
1 matelas	49 ″
1 lit de plume	90 ″
1 matelas	19 ″
1 pendule à secondes	599″, 19
1 lustre de Bohême	350 ″
1 clavecin	251 ″
5 fauteuils et 11 chaises de velours d'Utrecht vert et blanc	111 ″
Les bracelets (vendus à part) (1)	14.090″

Mais les affaires du duc de Valentinois et de sa femme n'étaient pas elles-mêmes en bien bon ordre et, suivant l'exemple de la duchesse de Mazarin, ils avaient fait des dépenses considérables dans leur hôtel de la rue Neuve Saint-Lazare. Dans les nombreuses pièces de la succession Mazarin, nous voyons figurer leurs créanciers personnels qui sont nombreux : voici une reconnaissance de 17.000 livres dues pour fournitures de galons et d'autres marchandises à Antoine, Claude et Alexandre Boursier frères, marchands rue du Roule, paroisse Saint-Germain-l'Auxerrois. En voici une autre du 2 janvier 1785, de 5000 livres empruntées aux susdits Boursier frères. Le 13 janvier

(1) Minutes de Me Legay.

suivant, reconnaissance de 18.750 livres empruntées à Daniel Auber, peintre et sculpteur du roi, demeurant faubourg Saint-Denis; et le même jour une autre reconnaissance de 50.000 livres au même Daniel Auber, pour peintures, sculptures et menuiseries faites pour leur hôtel de la rue Neuve Saint-Lazare. Et pendant ce temps, la liquidation de la succession Mazarin se poursuivait et se soldait par un déficit considérable. Il fallut alors payer les meubles adjugés au lendemain de la mort, en 1781, et, le 28 février 1785, nous voyons le duc de Valentinois verser un premier acompte de 60.000 livres sur les 84.841#, 15s, 7d qu'il doit à la succession.

D'autres créanciers de la duchesse de Mazarin paraissent : c'est Jean-Baptiste Tarin, maître sellier, rue de l'Université, Antoine d'Auvergne, surintendant de la musique du roi et directeur général de son Académie royale de Musique, demeurant à l'hôtel de l'Académie, rue Saint-Nicaise; c'est Jean-Baptiste Saucède, maître rôtisseur, rue Jacob; c'est Catherine-Louise Alexandre, marchande de modes, rue de la Monnoye, paroisse Saint-Germain-l'Auxerrois; etc., etc., etc...

C'était un désastre (1).

Il ne restait plus qu'à réunir les épaves de cette immense fortune et à les réaliser. Quand M. Radix de Sainte-Foy vint réclamer les bronzes et cariatides dorés de Gouthière du grand salon, estimés 15.000 livres par les experts et que la duchesse lui avait légués, il lui fut répondu que le passif excédait l'actif et que le legs ne pouvait être exécuté.

(1) La liasse considérable de la liquidation de la succession Mazarin se trouve à la date du 25 février 1785 dans les minutes de Me Brichard (actuellement étude de Me Legay qui nous l'a obligeamment communiquée).

X

Le marquis de Juigné et sa famille. — Ambassade en Russie. — Un fils naturel de Catherine II. — La Révolution. — L'Émigration. — Saisie et vente de l'hôtel et du mobilier. — Exil et misère. — Les radiations. — Dispositions favorables et mesures gracieuses de l'Empereur.

L'hôtel du quai Malaquais était certainement l'une des parties les plus importantes de l'actif : il fut mis en vente aux enchères par adjudication, le 16 novembre 1784, en l'étude de Mᵉ Brichard, le liquidateur de la succession ; les enchères se continuèrent les 23 novembre et 22 décembre, et le dernier enchérisseur fut un certain Jean-Baptiste Mayet, procureur au parlement, agissant au nom de M. de Juigné, qui se vit adjuger l'immeuble pour 420.000 livres et fit aussitôt sa déclaration en faveur de son mandant. En conséquence, le 7 mars 1785, devant Mᵉ Brichard, était signé l'acte de vente par lequel Honoré-Anne-Charles-Maurice Grimaldi, duc de Valentinois, prince héréditaire de Monaco et Louise-Félicité-Victoire d'Aumont, duchesse de Valentinois, son épouse, vendaient l'hôtel du quai pour le prix susmentionné à Jacques-Gabriel-Louis Leclerc, marquis de Juigné et de Montaigu, baron de Champeigne et de La Lande, seigneur de La Chapelle-Tenure, Bodet, Vieillevigne, Rocheservières, Touvois, Saint-Étienne de Mermorte, Le Bois Rouanne, La Hunaudais, La Picaudais, Maubusson, Villemorin, lac de Grandlieu, Sion, Litoges, Le Plessis, Auteuil, Neufchelles, La Villeneuve, Maroles, Brétigny, Beaulieu, et autres lieux, lieutenant-général des armées du roi, ci-devant ministre plénipotentiaire près l'impératrice de Russie et à Claude-Charlotte Thiroux de Chammeville, son épouse, demeurant en leur hôtel, rue de Thorigny-au-Marais.

La désignation de l'hôtel est plus complète encore que dans la précédente mutation.

« ... Le grand et petit hôtels Mazarin ci-devant appelés de La Roche-sur-Yon, sis à Paris quay Malaquais, paroisse Saint-Sulpice, consistant en une grande cour pavée, ayant son entrée par une grande porte cochère sur le quay dans une portion de mur de clôture, orné de pilastres et au dessus règne une galerie en terrasse garnie d'une rampe de fer du côté du quay et de la cour; le principal corps de bâtiment double en profondeur au fond de ladite cour donnant sur le jardin et est élevé du côté de la cour d'un étage en partie sous-terrain, d'un rez-de-chaussée haut, d'un premier étage quarré et second étage en partie dans le comble qui est couvert d'ardoises et du côté du jardin d'un étage quarré seulement au-dessus de celui du rez-de-chaussée, auxquels étages on monte par un grand escalier qui est dans le premier vestibule au rez-de-chaussée; à gauche de la cour est un mur mitoyen avec l'hôtel de Lautrec et au long duquel règne une galerie qui va joindre celle donnant sur le quay.

« A droite de la loge du suisse, un autre corps de bâtiment formant le petit hôtel avec écuries, remises, réservoirs, cours et autres dépendances; le jardin étant derrière le principal corps de bâtiment avec un bassin vers le fond dudit jardin, salle de bains à droite et boudoir à gauche dudit jardin.

« Les appartements et lieux desdits hôtels avec tous leurs ornements, embellissements, décorations, glaces, marbres, tableaux en dessus de porte et cheminée, les bronzes et cariatides dorés par Gouthière qui sont restés dans le grand salon, lesquels ont été légués à M. de Sainte-Foy par Madame la duchesse de Mazarin, suivant son testament. »

Parmi les charges, figure une servitude de vue sur une petite cour de l'hôtel de Bouillon que nous n'avions point rencontrée dans les actes précédents.

Sur les 420.000 livres, M. de Juigné en payait 42.000 comptant, qu'il avait du reste empruntées deux jours avant au marquis de Montmort. Le reste de la somme devait être versé le 10 juin 1785. M. de Juigné avait encore à payer 1.200 livres pour frais d'affiches et vacations des procureurs (1), plus le droit du « centième denier », se montant à 4.212 livres.

C'était une belle et puissante famille que celle des Juigné qui venaient remplacer la duchesse de Mazarin. Jacques-Gabriel-Louis, l'acquéreur de l'hôtel, était le fils d'un colonel du régiment Orléans-infanterie tué à la bataille de Guastalla en 1734; né le 14 mai 1727, il était l'aîné de cinq enfants dont deux étaient morts à cette époque. Le cadet, Antoine-Éléonor-Léon, né le 2 novembre 1730, était d'église et avait été nommé archevêque de Paris en 1781. Le troisième, Léon-Marguerite, né en mars 1733, avait servi dans la marine, avait été ensuite capitaine de cavalerie en 1758, colonel aux grenadiers de France en 1762, colonel au régiment de Soissonnais en 1767, brigadier des armées du roi le 3 janvier 1770 et maréchal de camp le 10 mars 1780; il avait épousé le 15 mars 1769 Adélaïde-Olive de Saint-Simon de Courtomer dont il avait six enfants.

Quant à l'aîné, le nouveau propriétaire, sa carrière

(1) Arch. nat., S. 2837 (minutes et déclarations censuelles du quay Malaquest) et Arch. de la Seine. Registre des insinuations, vol. 128.

avait été plus brillante encore : né le 14 mai 1727, dès l'âge de quinze ans, il endossait le séduisant uniforme de la première compagnie des mousquetaires du roi ; un an après, à seize ans, il était capitaine de cavalerie au régiment d'Egmont ; le 1er janvier 1748, il recevait pour ses étrennes le brevet de colonel du régiment de Blaisois et passait deux mois après avec le même grade aux grenadiers de France que son frère devait aussi commander quelques années après ; il alla ensuite au régiment de Forez, et le 3 juin 1758 eut l'honneur de commander l'illustre régiment de Champagne. Brigadier des armées du roi le 10 février 1759, il fut nommé maréchal de camp le 25 juillet 1762. Ce fut dans ce grade qu'il quitta momentanément le service actif pour la diplomatie : en effet, le 25 décembre 1774, il était nommé ministre plénipotentiaire de France auprès de l'impératrice de Russie.

La politique de la France vis-à-vis de cette souveraine allait subir en effet de profondes modifications : Louis XV venait de mourir et M. Durand, notre ministre à Pétersbourg, représentant d'une politique qu'on abandonnait, devait être remplacé. La grande question qui avait divisé les deux cabinets était résolue : l'intégrité de la Pologne n'existait plus. Louis XVI et son ministre M. de Vergennes pouvaient être conciliants : la partie était perdue.

Ses instructions étaient toutes pacifiques : faire contre fortune bon cœur et tâcher de tirer pied ou aile de la situation. Il devait avancer l'œuvre de rapprochement, au point de vue économique, préparer un traité de commerce, et se rendre compte du danger que présentait pour nous l'imitation de nos manufactures qui menaçait gravement nos exportations en Russie. Au point de vue politique, jeter les bases d'une alliance avec la Russie contre l'Allemagne, en faisant ressortir le danger que présentait pour Catherine la puissance prussienne ; il devait en outre observer beaucoup, envoyer de copieux rapports et surveiller l'attitude de la Russie avec l'Angleterre pendant la guerre d'Amérique.

M. de Juigné partit en juin 1775 et arriva à Moscou le 12 août. Catherine II s'y trouvait et le reçut bien. Il se mit à l'œuvre, mais malgré les bonnes dispositions de l'impératrice à son égard, il trouvait une situation extrêmement difficile et délicate et ne s'avançait qu'avec une prudence qui faisait tort à la rapidité. Les changements de favoris de Catherine étaient fréquents, impossibles à prévoir et jetaient le désarroi dans les petites trames savamment combinées du corps diplomatique. Telle négociation basée sur l'appui d'un favori qu'il avait fallu des semaines pour circonvenir, s'écroulait avec sa faveur et il fallait recommencer avec un autre que peut-être, la veille encore, on traitait sans considération. En janvier 1776, la cour partit pour Pétersbourg et M. de Juigné dut faire connaissance avec le voyage en traîneau par les températures de ce pays. Il ne s'en trouva pas bien, demeura deux ans à Pétersbourg et vit sa santé si éprouvée par le climat qu'il demanda son rappel. Le 10 novembre 1777, il prenait congé de l'impératrice et le 23 remettait le service à son secrétaire, M. Bourée de Corberon, pour revenir dans cette douce France qu'il regrettait.

Il reprit le service militaire ; le 1er août 1779, il fut chargé de l'inspection des troupes en Auvergne et dut entreprendre une longue tournée à cet effet. L'année suivante, le 1er mars 1780, il était promu lieutenant-général. C'est dans ce grade, arrivé presqu'au faîte des honneurs, que nous le voyons signer l'acte de vente qui le met en possession de l'hôtel du quai Malaquais, où il venait s'installer avec toute sa famille, Charlotte Thiroux de Chammeville, sa femme qu'il avait épousée le 17 mars 1768, ses quatre fils dont les deux aînés étaient déjà au régiment, son frère, Léon-Marguerite, maréchal de camp, sa belle-sœur Adélaïde-Olive de Saint-Simon de Courtomer et leurs six enfants qui habitaient aussi l'hôtel de la rue de Thorigny.

Alors les portes se rouvrirent et les visiteurs traversèrent de nouveau la grande cour et les réceptions recommencèrent, non plus si luxueuses si ruineuses que du temps de la duchesse de Mazarin, mais d'une tenue plus correcte, plus officielle, où l'élément militaire et diplomate tenait sans doute plus de place qu'au temps où la galante duchesse préparait des pastorales derrière des transparents, au fond de son grand salon.

Parmi les visiteurs que l'on voyait quai Malaquais, il en était un qui ne venait pas souvent, il est vrai, mais qui était reçu avec de particulières marques de considération, bien qu'il fût beaucoup plus jeune que M. de Juigné et qu'il fût simple lieutenant, alors que son hôte était lieutenant-général. Il se nommait Alexis-Grégoriéwitch Bobrinski, et n'était autre que le fils naturel de Catherine II; il devait le jour à la liaison qu'avait eue la souveraine avec son favori Grégoire Orlof. Né le 11 avril 1762, il avait été élevé à Leipzig, puis à l'école des cadets de Pétersbourg sous le nom de Bobrinski et doté de domaines considérables et d'un titre de comte. Pour éviter le scandale de sa naissance qui avait eu lieu quelque temps avant l'avènement de Catherine, un serviteur dévoué avait mis le feu à une maison située à l'autre bout de Pétersbourg; toute la foule s'y était portée, ainsi que les troupes, les officiers et le personnel même du palais;

pendant ce temps la délivrance avait lieu dans le palais presque désert et gardé seulement par quelques serviteurs dans le secret et à la dévotion de Catherine.

En 1785, quand Bobrinski arriva à Paris, c'était un grand garçon de haute mine, d'aspect réservé, se livrant peu dans la bonne compagnie, ne l'appréciant guère, mais préférant la société des viveurs, des joueurs, des filles auxquels il faisait toute confiance; il menait, avec son air calme, une existence désordonnée et d'une prodigalité folle. Il était intime avec un certain marquis de Vertillac qui dut fuir Paris pour éviter la Bastille, et un marquis de Ferrières à qui il souscrivit des billets pour 1.140.000 livres, alors qu'il n'avait qu'un revenu de 30.000 roubles. Du reste, toute une bande d'aigrefins vivait à ses crochets. Il eut des histoires ennuyeuses dont nous ne savons pas le détail, et à la première fut mêlé M. de Juigné, qui avait conservé un excellent souvenir de la tzarine et chez qui le jeune Bobrinski était venu se présenter en arrivant à Paris. M. de Juigné en instruisit Grimm, le correspondant de Catherine, et par lui la souveraine fut mise au courant. Elle paya, car au fond c'étaient toujours des questions d'argent, mais elle envoya une semonce au lieutenant Bobrinski dont les faits et gestes semblent avoir été souvent peu corrects, puisque ses compagnons de voyage partis de Russie avec lui le quittèrent, dégoûtés par sa conduite.

Le genre de vie de Bobrinski ne laisse pas supposer qu'après cette histoire ennuyeuse il soit devenu un assidu de l'hôtel de Juigné. Il continua à s'endetter à tel point qu'en 1787 il dut quitter Paris pour Londres, jusqu'à ce qu'à bout de ressources il retournât en Russie, où sa mère, après avoir payé ses dettes, l'exila à Reval. Là il se rangea et refit sa fortune. Après la mort de Catherine, Paul Ier lui rendit la liberté et l'accueillit fraternellement. Il vécut dès lors avec sagesse, se maria et mourut dans ses terres en 1813 (1).

C'est en 1787, à cette période de prospérité de sa vie, que le marquis de Juigné maria le second de ses fils, Charles-Marie, avec Mlle Anne-Éléonore-Eulalie Dufloquet de Réals; le notaire Brichard en passait le contrat les 11, 12 et 13 février 1787.

Le haut grade du marquis de Juigné ne lui permettait pas de s'immobiliser à Paris. Le 2 mars 1788, le ministre lui expédiait ses provisions de gouverneur de la ville et citadelle d'Arras. Le 23 avril 1789, il était nommé commandant de la division du Languedoc et du Roussillon (2).

C'est là que le trouva la révolution. Avec ses origines, sa famille, son grade, on devine l'impression que durent lui causer les événements. Il émigra : et alors ce fut la dispersion de cette belle et nombreuse famille, ce fut la vie errante, ce fut la ruine, ce fut la misère, comme pour tous les autres. Le marquis de Juigné eut dans sa détresse cette élégance de n'accepter ni charges, ni titres, ni secours de l'étranger. D'une immense fortune, il ne restait rien; tout fut confisqué, mis sous séquestre ou vendu. Les terres, les bois, les moulins de la Sarthe, cette interminable liste de seigneuries que nous avons vue figurer lors de l'acquisition de l'hôtel, tout y passa. Ils vécurent comme ils purent, les uns travaillant, comme Casimir Warice de Juigné, âgé de cinquante-six ans, un parent, qui, après avoir servi à l'armée de Condé, s'établit à Heidelberg avec

(1) Voir à ce sujet l'intéressant article de M. Charles de Larivière dans les n[os] de novembre et décembre 1909 de la *Revue des études franco-russes*.

(2) Arch. administr. du ministère de la Guerre. Dossier de Juigné, n° 1143.

un ami où ils exploitèrent une mine (1); les autres cherchant à emprunter sur ce qu'ils possédaient en France, faisant des dettes, vivant d'expédients (2).

Dès janvier 1791, le marquis de Juigné avait émigré et avait été chargé du commandement de l'infanterie noble à l'armée des Princes qui s'était formée à Coblentz, où résidaient le comte de Provence et le comte d'Artois. L'élégance de cette petite cour improvisée, les gardes du corps en brillant uniforme montant la garde l'épée nue à la porte du prince, le gentilhomme de service vérifiant les lettres d'audience, tout comme à Versailles, avaient donné à tous ces émigrés l'illusion de la prospérité; mais les réalités n'y répondaient point et une lettre du marquis de Juigné du 27 septembre 1792, nous apprend qu'il est sans ressources à Maestricht. Il avait heureusement à Paris son intendant, Pierre-François Goulet, qui devait être un fidèle serviteur, à en juger par les nombreuses vexations dont il fut l'objet (3). Peut-être par son intermédiaire réussit-il à toucher quelque argent; peut-être la marquise de Juigné put-elle emporter les 41.600 livres de diamants portés à son contrat de mariage (4). Toujours est-il qu'aucun des trois frères, ni le marquis, ni l'archevêque de Paris, ni le maréchal de camp, Léon-Marguerite baron de Juigné, n'acceptèrent quoi que ce fût de l'étranger. Ils vécurent en Allemagne.

Leurs enfants eurent des fortunes diverses : le fils aîné, Charles-Philibert, major du régiment des cuirassiers, sortit de France dès avril 1791 et habita successivement

(1) Arch. nat., F7 5971.
(2) Arch. nat., T. 1636. — Dossier Juigné.
(3) Arch. nat., T. 1676. — Dossier Goulet.
(4) Arch. nat., T. 1636 — inventaire — cote 72. — Dossier Juigné.

la Suisse, la Savoie, l'Allemagne, le Portugal et l'Angleterre. Lui n'y regarda point de si près et fut employé au service de l'Angleterre, en qualité de capitaine, dans le régiment de Mortemart-infanterie, depuis le 4 août 1794 jusqu'au 16 août 1802, date du licenciement de ce corps (1). Charles-Marie, le second fils, que nous avons vu se marier en 1787, prétendit n'avoir point émigré, mais avoir séjourné jusqu'au 9 mai 1792 à Fontaine-Lavayanne, dans l'Oise, puis à Dôle, dans le Jura, et enfin à Paris où il rentra en l'an VIII (2). Mais d'autres documents, et d'après eux M. Révérend, dans son ouvrage sur la Restauration et la Pairie, le présentent comme ayant été colonel à l'armée des Princes.

Pendant que les divers membres de la famille de Juigné menaient en émigration leur triste existence d'illusions et de désillusions, à Paris les autorités révolutionnaires avaient mis la main sur tous leurs biens et en dressaient le volumineux inventaire (3). L'opération commença le 2 mai 1793, à 6 heures du matin, et dura plus d'un mois : la voiture de chasse fond bleu ciel à filets dorés, avec ses quatre roues peintes en jaune, le mobilier de la chapelle, avec ses six chaises à coussins de velours cramoisi et les quatre oreillers vert et blanc, les deux banquettes couvertes du même velours, l'autel de chêne et sa pierre en marbre, les trois canons de carton défilèrent sous la plume du commissaire du bureau du domaine assisté du commissaire Landrin de la section de l'Unité. La riche garde-robe, les marbres, les meubles occupèrent plusieurs journées. Le dimanche 19 mai, le

(1) Arch. nat., F7 5971.
(2) Arch. nat., F7 6261 (dossier 5192).
(3) Arch. nat., T. 1636.

commissaire saisit deux fusils à un coup, un fusil à deux coups sans baïonnettes, une petite carabine, quelques livres de poudre et plomb pour les volontaires de la Vendée, lesdits fusils devant être remis quand on aura donné aux volontaires des fusils de munition avec baïonnette.

Mais ce ne fut pas tout, car des dénonciations s'étaient produites, découvrant plusieurs maisons dans Paris où les Juigné avaient entreposé tout ce qu'ils avaient pu de leur mobilier pour le soustraire à la confiscation.

Les commissaires allèrent perquisitionner rue de Bièvre, dans la maison Lebreton, rue des Petits-Augustins, n° 1253, maison de l'hôtel-Dieu, et de chacun de ces locaux des voitures entières de meubles et d'objets de toute sorte revenaient quai Malaquais et réintégraient l'hôtel de Juigné. 232, rue des Vieilles-Tuileries, on trouva chez le beau-père du sellier André Laurent qui habitait lui-même 1191, rue Jacob, six voitures, dont deux sont ainsi désignées : « une voiture « demi-fortune » dont la caisse est peinte en vert à filets dorés, doublée en velours cramoisi à bouquets, garnie de glaces, montée sur ses quatre roues peintes en vert et ressorts anglais, prisée 400 livres ». L'autre désignation est identique, sauf que la voiture est doublée en drap blanc et qu'elle est prisée 500 livres.

La loge même du portier Castella ne fut pas oubliée, depuis les mouchettes jusqu'au matelas, et le commissaire y mettait tant de zèle qu'il inventoria même les objets personnels de Castella qui dut réclamer.

Quel changement depuis le temps où le lieutenant Bobrinsky descendait de carrosse pour se présenter chez l'ancien ambassadeur. De tous les habitants, familiers, serviteurs, un seul est là, c'est le portier, dans sa petite loge, tout de suite à droite en entrant. Qu'est devenue sa brillante livrée? Elle est sans doute dans un de ces amas de vêtements rangés sur des tables, étiquetés, inventoriés dans les grandes salles de l'hôtel mis à sac, où tous les meubles sont déplacés, les rideaux dépendus et préparés pour la vente à l'encan; ici sont rangés les meubles, plus loin des piles de vaisselle, puis les marbres, les œuvres d'art, plus loin encore, la riche garde-robe et les habits brodés du marquis qui voisinent avec d'autres amas d'étoffes où se froissent les robes de brocart et les dentelles de la marquise (1). Et tout cela est amoncelé dans une partie de l'hôtel, car l'autre a été évacuée pour être mise à la disposition de l'Administration des Poudres et Salpêtres (2).

Quand l'ordre et la sécurité furent rétablis, les Juigné songèrent à rentrer en France. L'un d'eux, Charles-Marie, le second fils du lieutenant-général, était à Paris en juillet 1800 et était descendu à l'hôtel Mirabeau, rue de Seine; le 26 au matin, des policiers y entrèrent et ressortirent emmenant Charles-Marie de Juigné. Le rapport de police nous apprend qu'il avait trente-six ans, 1m,67 de taille, les cheveux et les sourcils bruns, le front haut, le nez gros, les yeux gris, la bouche moyenne, le menton rond et le visage rond. Mais quatre jours après, Fouché recevait à son sujet une lettre de recommandation de Lebrun, et le 1er août le prisonnier était mis en liberté (3).

Les renseignements qui furent pris sur la famille furent évidemment favorables, car à compter de cette époque,

(1) Arch. nat., T. 1636, dossier Juigné.
(2) Mis de Rochegude, *Promenade dans toutes les rues de Paris*, vol. du VIe arrond., article « Quai Malaquais ».
(3) Arch. nat., F7, 6261, dossier 519

les mesures bienveillantes se succèdent sans interruption. En 1802, ils quittent l'Allemagne qui n'est qu'un foyer de conspirations soudoyées par l'Angleterre, rentrent en France et demandent leur radiation de la liste des émigrés. Le 20 nivôse an XI (10 janvier 1803) l'amnistie est accordée à Jacques-Gabriel-Louis Leclerc de Juigné, le lieutenant-général, âgé de 75 ans, à ses deux frères, Antoine-Éléonor-Léon, l'ancien archevêque de Paris, âgé de 73 ans, et Léon-Marguerite, le maréchal de camp, âgé de 68 ans, et à leurs enfants.

Le 2 février suivant, la même mesure s'étend à Claude-Charlotte Thiroux de Chammeville, la femme du lieutenant-général, et elle rentre dans ses biens non vendus (1). Du reste, la femme de Charles-Marie, le second fils du lieutenant-général, a déjà obtenu sa radiation dès le 19 prairial an IV (7 juin 1796) et elle réside à Villebon près Palaiseau, depuis août 1795; c'est une jeune femme de vingt-six ans, dit son signalement, de la taille de cinq pieds, les cheveux et les sourcils bruns, les yeux bleus, le nez bien fait, la bouche moyenne, le front haut et le visage ovale. Elle a résidé à Lyon, depuis le 29 mars 1792 jusqu'au 9 juillet dernier. Le 20 octobre 1796, elle est remise en possession de ses biens (2).

Le 8 février 1803, le quatrième fils du lieutenant-général rentre en possession d'une partie des titres de propriété de sa famille. Le 7 septembre 1804, son père en recouvre plusieurs autres; mais ceux de l'hôtel du quai Malaquais sont toujours réservés (3).

Le 20 avril 1803, ce sont les filles du maréchal de camp

(1) Arch. nat., F7, 5971 et 5995.
(2) Arch. nat., T. 1679 (no 1490).
(3) Arch. nat., T. 1636.

qui recouvrent des herbages dans la Manche, représentant 3.150 francs de revenu (1).

Le 1er octobre suivant, le jeune Antoine-Léon-Victor est admis à l'école spéciale militaire de Fontainebleau en qualité d'élève du gouvernement (2).

Le 13 octobre de la même année, un arrêté du gouvernement levait le séquestre existant sur 32 articles de propriétés non vendues de Jacques-Gabriel-Louis Leclerc de Juigné, montant à 21.372 francs de rente (3).

Le 30 mars 1805, l'empereur prenant en considération les services rendus à l'État par l'ancien archevêque de Paris à l'époque du Concordat, et « comptant en même temps sur la fidélité et l'affection » pour sa personne de Jacques-Gabriel-Louis Leclerc de Juigné, décrétait ce qui suit :

Art. 1er. — Le capital de 300.000 francs sur l'hôtel de ville appartenant à Jacques Leclerc de Juigné et à ses frères et sœurs sera liquidé conformément à la loi de l'an VI, nonobstant la confusion qui a dû s'opérer par suite de l'émigration de leurs auteurs.

D'après une note explicative, les biens paternels qui avaient été vendus dans le Calvados et Seine-et-Marne montaient à 3 millions, mais pour le moment, ils ne pouvaient réclamer que 23.816 francs de rente (4).

Enfin, le 21 mars 1806, un décret de l'empereur nommait l'ancien archevêque de Paris, chanoine de Saint-Denis (5).

(1) Arch. nat., AFIV, plaquette 517.
(2) Arch. nat., AFIV, plaquette 593. Il semble du reste qu'il ne bénéficia point de cette nomination et n'entra point à l'école, car il ne figure pas aux archives de la Guerre sur les contrôles de cette école.
(3) Arch. nat., AFIV, plaquette 600.
(4) Arch. nat., AFIV, plaquette 967.
(5) Arch. nat., AFIV, plaquette 1272.

C'était plus que de la bienveillance, c'était la faveur.

Et cependant la situation de la famille n'était pas brillante. Qu'était-ce que ces quelques rentes ou herbages rendus pour faire vivre trois générations, dans une famille de trois frères, ayant l'un quatre et l'autre sept enfants eux-mêmes mariés, avec de nombreux petits-enfants. Aussi, le 1er août 1807, le marquis de Juigné adressait-il à l'empereur une pétition pour rentrer en possession de 944 hectares de bois séquestrés mais non encore vendus et situés dans la Loire-Inférieure et la Vendée. Le même jour, sa femme envoyait une autre pétition pour récupérer l'hôtel du quai Malaquais, qui n'était pas vendu non plus, mais avait été occupé par le Grand Juge et l'était actuellement par le ministère de la Police générale.

« Votre Majesté, disait la marquise, eut la bonté de promettre positivement cette restitution à Mme de Brienne pour son amie et a bien voulu renouveler cette promesse à l'ancien archevêque de Paris, dans l'audience qu'elle a daigné lui accorder le 1er juillet de l'année dernière. » Quatorze jours après, Jacques-Gabriel-Louis Leclerc de Juigné mourait chargé d'années, dans la gêne, à l'apogée de la gloire impériale, ayant perdu toute espérance de voir jamais remonter sur le trône ces princes qu'il avait si loyalement servis et pour lesquels il avait si ardemment combattu, entouré de ses fils, au commencement de la révolution. L'ancien archevêque écrivit à l'empereur une lettre désolée annonçant la mort de son frère, dépeignant la situation précaire de la famille. En réponse à la supplique, un décret du 1er octobre 1807 rendait les 944 hectares de bois, et un autre décret décidait que l'hôtel serait rendu à Mme de Juigné, mais que le ministère de la Police y demeurerait installé et que le loyer en serait payé à la propriétaire.

Mais si la situation de cette dernière se trouve améliorée, il n'en est pas de même chez Léon-Marguerite Leclerc de Juigné : l'ancien maréchal de camp a 75 ans, il est infirme, et de ses sept enfants, quatre sont à sa charge. Cette famille qui possédait à la révolution 140.000 livres de rente en terres, dispose actuellement de 3.000 livres de rente. Et Mgr de Juigné écrit encore à l'empereur pour lui dépeindre cette situation lamentable et lui avoue qu'il leur abandonne les deux tiers de son traitement de chanoine de Saint-Denis. Et l'empereur répond par un décret de Schönbrunn du 22 juillet 1809, levant le séquestre sur 340 hectares de bois dans l'arrondissement de Dijon, au profit de Jacques-Gabriel-Olive le fils aîné du maréchal de camp (1).

La bienveillance impériale ne se lasse point : comme un rapport sévère de Defermon démontre à l'empereur qu'il a eu tort de promettre la restitution de l'hôtel du quai Malaquais et que cela n'est pas légal, la promesse est annulée mais la même plume qui donne raison à Defermon inscrit la marquise de Juigné pour une pension de 6.000 francs (2).

Le 19 mars 1810, un décret impérial décide que la dame Saint-Simon Courtomer (Adélaïde-Olive), épouse de Léon-Marguerite Leclerc de Juigné, ancien maréchal de camp, sera liquidée d'après les dispositions de la loi du 24 frimaire an VI. C'étaient 12.000 livres de rente qui rentraient dans cette maison presque à la misère (3).

(1) Arch. nat., AFIV, plaquette 2913.
(2) Arch. nat., AFIV, plaquette 2912.
(3) Arch. nat., AFIV, plaquette 3317.

Enfin un décret du 28 mars 1812 nommait le jeune Raoul-Léon-Victor Leclerc de Juigné, un petit-fils de Léon-Marguerite, page de l'empereur (1). Le 22 novembre 1813, le jeune homme était promu sous-lieutenant au 8e régiment de chasseurs (2). Du reste son père lui-même, après avoir servi dans les armées royales, puis en émigration à l'armée des Princes, comme toute sa famille, avait repris du service en 1806, aux gendarmes d'ordonnance et venait, en 1810, de donner sa démission de capitaine au 1er cuirassiers pour raison de santé (3).

La famille s'était ralliée à l'Empire.

(1) Arch. nat., AF IV, plaquette 5139.
(2) Arch. nat., AF IV, plaquette 6648.
(3) Arch. administratives du Min. de la Guerre. Dossier de Jacques-Gabriel-Olive Leclerc de Juigné.

XI

L'Hôtel pendant la période révolutionnaire. — Le ministère de la Police générale. — Fouché. — Ses successeurs. — La Restauration. — Remise en possession des Juigné.

Au moment où nous avons vu tous les Juigné émigrer les uns après les autres, au commencement de 1791, pour courir se ranger sous les drapeaux de l'armée des Princes, nous avons laissé l'hôtel du quai Malaquais aux mains des commis du domaine préparant la vente des meubles et effets. L'arrêté de séquestre du directoire du département ne fut prononcé que le 5 novembre 1792. L'immeuble était évalué 200.000 livres et la valeur locative 10.000 livres (1). Ce fut quelque temps après qu'on y installa la Commission des armes, poudres et exploitation des mines. Elle y était encore en 1794. L'année suivante, on y trouve la Commission exécutive de l'instruction publique.

Les anciens numéros royaux 5 et 6 s'appliquant au grand et petit hôtel étaient devenus 1915 pour le premier et 1916 pour le second.

A cette époque, une grosse question fut agitée au Conseil des Cinq-Cents : le 5 nivôse an IV (26 décembre 1795), Rewbell y formula l'idée d'un ministère de la Police. Il

(1) Arch. de la Seine. Sommier des biens nationaux; registre 63, n° 25.

proposait d'y rattacher la garde nationale sédentaire, la gendarmerie et les légions de police, les prisons, maisons d'arrêt, de justice et de réclusion, les hôpitaux civils, les établissements et ateliers de charité, la répression de la mendicité et du vagabondage, les secours civils, les établissements de sourds-muets et d'aveugles, les spectacles, lieux publics, cafés et maisons de jeu, les maisons garnies, les logeurs, les poids et mesures, la police sanitaire et « la répression du scandale qu'offre le débordement des mœurs et de la morale » ; le tout dans le seul arrondissement du département de la Seine.

La proposition renvoyée à une commission vint en discussion le 9 nivôse (30 décembre). Les uns comme Mersan du Loiret louaient l'institution mais avaient peur du mot ; André Dumont s'effrayait des pouvoirs du nouveau ministre et rappelait ce qu'avait pu faire Pache et la municipalité au 31 mai 1793. D'autres, comme Lecointe-Puyraveau agitaient le spectre de la contre-révolution, des conspirations et mettaient en avant pour combattre le projet, les dilapidations des subsistances qui seraient dans la main du ministre de la Police. Mais l'idée était dans l'air. L'ajournement fut repoussé et la création du nouveau ministère votée.

Le 10 nivôse (31 décembre 1795), le Conseil des Cinq-Cents prenait la résolution suivante :

Art. 1er — Il y a un septième ministère sous le nom de Police générale de la République.

L'article énumérait les attributions.

Le projet renvoyé aux Anciens vint en discussion le 12 nivôse. Regnier, rapporteur, parla pour; Portalis, contre; Poultier répliqua en faveur du projet et le vote favorable enlevé facilement, aboutit à la loi du 12 nivôse an IV créant le nouvel organe. Plus tard ses fonctions se précisèrent et on rattacha à la nouvelle administration la radiation des émigrés, les permis de résidence et les passeports.

Le 17 nivôse, les Cinq-Cents ouvraient au nouveau ministère un crédit de trois millions et, le 22 germinal, ils reconnaissaient la nécessité des fonds secrets (1).

Enfin une décision des 24 prairial et 8 messidor an IV (12 et 26 juin 1796), insérée au *Bulletin des lois*, affectait l'hôtel de Juigné et une maison située rue des Saints-Pères, n° 9 (en face la rue de Verneuil), au logement du ministre de la Police générale et de ses bureaux (2). Les deux immeubles communiquaient par les jardins des Petits-Augustins et de l'hôtel de Juigné, où l'on avait établi un couloir en planches.

Nous ne saurions entreprendre ici l'histoire du ministère de la Police générale. Nous ne pouvons que nous borner à évoquer très sommairement quelques noms et quelques grandes affaires.

Du 2 janvier 1796 au 20 juillet 1799, neuf ministres de la police se succédèrent, remplissant leurs fonctions avec si peu d'éclat qu'on a l'impression de n'avoir pas encore rencontré l'homme compétent. Le premier fut Camus, l'auteur de la constitution civile du clergé et de nombreux rapports sur les finances. Il y demeura deux jours et préféra aller organiser les archives nationales. Il fut remplacé par Merlin de Douai ; ce fut lui qui entama les poursuites contre Babeuf. Après Merlin de Douai, vint Cochon de Lapparent qui dut prendre en mains l'affaire Babeuf. Il eut du reste de grosses affaires sur les bras, car

(1) *Moniteur*.
(2) *Bulletin des lois*. Table (II, B. 56, n° 494).

au procès de Babeuf succéda l'affaire du camp de Grenelle et l'arrestation de Lavilleheurnois, chef de l'agence royaliste de Paris. Cochon de Lapparent devait peu après figurer parmi les fructidorisés.

Ensuite, vint Lenoir Laroche, un avocat publiciste modéré qui trouvant ce ministère trop lourd pour lui, le céda à Soltin, un apothicaire nantais qui avait failli figurer dans les fameuses noyades de Carrier. Il prit une part active au coup d'État de fructidor. Nicolas Dondeau, son successeur, chef de division au ministère même de la Police, fit comme Lenoir Laroche, donna sa démission et se fit nommer au poste plus tranquille d'administrateur de loteries. Nous voyons ensuite défiler Lecarlier, ancien maire de Laon, député obscur, un brave homme, brusque et dur dans ses manières; puis Maurice Duval, un girondin, ancien avocat à Rouen, un incolore; puis Bourguignon-Dumolard, avocat dauphinois, girondin exalté qui ne demeura au ministère que quelques jours et trouva un poste plus à sa mesure comme directeur de l'enregistrement d'abord, puis comme juge au tribunal criminel de Paris.

Enfin parut Fouché : ce jour-là, 20 juillet 1799, le gouvernement avait un vrai ministre de la Police. Il fut en effet l'incarnation du haut policier politique, avec toutes les qualités bonnes et mauvaises, géniales ou viles, requises pour un tel poste en une telle époque. Pendant de longues années il devait vivre dans l'hôtel du quai Malaquais et promener son scepticisme de défroqué entre ces murs qui avaient abrité les scrupules et la mystique religiosité du prince de Conti. M. Louis Madelin, dans l'œuvre magistrale qu'il a consacrée au personnage, nous le montre quittant son cabinet encombré des dossiers les plus pressants, on pourrait parfois dire les plus terribles, et se réfugiant dans son appartement privé : là, le dur policier, le cynique politicien disparaît, et nous avons devant nous le modèle des époux, venant retrouver sa femme laide, rousse, vertueuse et jalouse, qui travaille sous la lampe, tandis que deux ou trois ex-oratoriens, ses intimes, sont assis autour de la table à tapis vert et l'attendent en jouant au Boston.

En 1802, le ministère de la Police fut supprimé; c'était une disgrâce pour Fouché; il payait ainsi son opposition à Bonaparte qui pourchassait alors les jacobins; mais l'hôtel ne fut pas désaffecté pour cela et ce fut Regnier qui, avec le titre de Grand Juge, vint remplacer Fouché au quai Malaquais, réunissant dans sa main les deux ministères de la Justice et de la Police générale. Son insuffisance comme policier ramena Fouché qui demeura en fonctions jusqu'en 1810. Pendant la campagne de Wagram (1809), il eut à organiser avec Bernadotte la défense de la Hollande contre les Anglais. Il réussit mais laissa percer dans ses proclamations et dans certains procédés une opposition qui amena sa chute.

Ce fut Savary, duc de Rovigo, qui lui succéda. Cette nomination fit peur à tout le monde. Savary était le grand policier militaire de Napoléon; policier occulte, policier terrible, il évoquait le souvenir redouté des commissions militaires qu'il avait fait fonctionner d'une manière qui ne s'oublie pas.

L'affaire Clément de Ris, cet enlèvement mystérieux d'un sénateur à la campagne, où il avait conduit l'instruction, l'affaire Cadoudal, les recherches en Vendée, l'exécution du duc d'Enghien, l'entrevue de Bayonne qu'il avait négociée, et où la famille royale d'Espagne était venue se faire prendre, étaient dans toutes les mémoires et sa nomination fut mal accueillie. C'est pendant son ministère, du 3 juin 1810 au 3 avril 1814, que se déroula la fameuse affaire Malet où Savary lui-même fut arrêté et tenu sous les verrous pendant quelques heures.

A la chute de l'empereur, le ministère de la Police fut supprimé et remplacé par un poste de directeur général successivement occupé par Dandré, l'ancien conspirateur de l'agence d'Augsbourg sous le Consulat, par le comte Curial et le comte Beugnot; mais le soir même du retour de l'île d'Elbe, Fouché était rétabli dans ses anciennes fonctions. Après Waterloo, il eut occasion de donner carrière à tous ses talents, soutenant et trahissant successivement, et l'on pourrait presque dire à la fois, l'empereur, son fils, le roi, un prince de Saxe et le duc d'Orléans. La Commission exécutive de gouvernement, en attendant le second retour de Louis XVIII, donna la Police à Pelet de la Lozère, un modéré de la Convention, qui n'avait pas voté au procès de Louis XVI. Mais quelques jours après, Fouché trouva pourtant moyen de se faire renommer ministre de la Police; il ne put du reste s'y maintenir, en présence de la réaction royaliste et quitta le quai Malaquais le 24 septembre 1815, pour n'y plus revenir.

Le dernier ministre de la Police fut le duc Decazes qui remplaça Fouché; ce fut lui qui n'étant encore que préfet de Police, eut à interroger Labédoyère et le maréchal Ney. C'est à lui qu'on vint, dans l'ancien cabinet de Fouché, annoncer l'évasion de Lavalette. Ce fut aussi sous son administration que se passèrent les horreurs de la Terreur blanche.

Le 29 septembre 1818, le ministère de la Police générale était supprimé.

A cette époque, les Juigné rentrèrent enfin en possession

de leur hôtel d'où ils étaient sortis en janvier 1791. Dès le retour des Bourbons, leur ralliement à l'empire ne fut plus qu'un souvenir et ils réclamèrent et obtinrent la mainlevée de tout séquestre subsistant encore sur leurs biens non vendus. Toutefois le préfet, M. de Chabrol, en signant le 4 mars 1815 cette mainlevée, ne leur rendit que les loyers de l'hôtel, le ministère de la Justice y étant encore installé. Le marquis Jacques de Juigné était mort en 1807, comme nous l'avons vu, et laissait une si piètre situation de fortune que des quatre fils, les deux aînés avaient refusé purement et simplement la succession de leur père; les deux derniers Anne-Léon-Antoine et Jacques-Auguste-Léon avaient accepté sous bénéfice d'inventaire. Quant à Mme de Juigné, elle avait renoncé à la communauté (1). Le 22 mars 1817, un jugement des criées du tribunal adjugea l'immeuble moyennant 290.000 francs de prix principal aux deux fils acceptant sous bénéfice d'inventaire la succession de leur père dont ils se trouvaient seuls héritiers par la renonciation de leurs frères et de leur mère.

Quand les Juigné rentrèrent dans ce ministère désaffecté qu'ils reconnaissaient à peine, ce n'était plus avec la pensée de s'y réinstaller. L'état de leur fortune ne leur permettait plus de résider en un pareil logis. Tous les quatre habitaient alors 29, rue Saint-Dominique. Ils mirent l'hôtel en vente, trouvèrent un acquéreur et ce fut peut-être cette circonstance qui leur permit de quitter la rue Saint-Dominique et de prendre des appartements séparés, car dans la mutation que nous allons citer, Jacques-Auguste-Anne-Léon, le plus jeune, donne son adresse, 3, rue de la Ville-

(1) Arch. nat., T. 1636.

l'Évêque et Anne-Léon-Antoine, 17, rue Bellechasse. Ce dernier devait devenir maréchal de camp et mourir le 2 février 1846. Son frère devait obtenir également le même grade, devenir gentilhomme ordinaire de la Chambre du roi et mourir le 10 mai 1850.

XII

Vincent Caillard. — Une légende romanesque. — Les débuts de la fortune. — Les Messageries générales. — Les descendants. — M. Paul Caillard et la guerre de 1870. — L'hôtel après la mort de Vincent Caillard. — Démolition. — Les locataires. — Le comte d'Aubusson de la Feuillade. — L'ambassade d'Étrurie. — Les Bauffremont.

Le 21 août 1820, l'hôtel du quai Malaquais sortit définitivement cette fois du patrimoine des Juigné. En effet, ce jour-là, fut passé devant Me Adrien-Philibert-Gabriel Moisant, notaire à Paris, l'acte par lequel Jacques-Auguste-Anne-Léon Leclerc comte de Juigné, colonel d'infanterie, chevalier de Saint-Louis, agissant tant en son nom personnel qu'au nom de Anne-Léon-Antoine Leclerc de Juigné son frère, colonel de la légion de la Seine, chevalier de Saint-Louis, vendait l'immeuble à M. Vincent Caillard, propriétaire, et à dame Marie-Madeleine Trotereau son épouse, demeurant à Orléans, rue des Escures, n° 9, actuellement à Paris, rue du Bouloy, Hôtel des Fermes.

Voici la désignation de l'immeuble, c'est la dernière description que nous en possédions; c'est aussi la plus complète et la plus claire : « ... Un grand hôtel à Paris, quai Malaquais, n°s 11 et 13, composé de deux parties connues autrefois sous les noms de grand et petit hôtel de Juigné ; la principale partie portant le n° 11, a son entrée sur le quai Malaquais, par une grande porte cochère ; elle est composée de la cour d'honneur donnant sur le quai, d'un principal corps de logis au fond de la cour, d'un jardin derrière, de deux petits pavillons dans le jardin, dont un de chaque côté et attenant au principal logis, d'un grand corps de bâtiment en aile à droite de la cour en entrant et de deux petits pavillons dans la même cour adossés au grand mur existant sur le quai, l'un à droite de la porte cochère et servant de logement au concierge, l'autre à gauche.

« Dans l'intérieur de la cour, au-devant du mur de face sur le quai et de celui mitoyen avec la maison voisine à gauche en entrant, sont des pilastres en pierre surmontés d'arcades ; et au-dessus de ces arcades est une terrasse d'allée en pierre avec perron à chaque extrémité régnant sur toute la face du quai et sur celle dudit mur mitoyen.

« La seconde partie de l'hôtel portant le n° 13 a aussi son entrée par une porte cochère sur le quai Malaquais. Elle est composée d'un corps de logis principal sur le quai (joignant le grand corps de bâtiment en aile sur la cour de la première partie) ; cour ensuite, et un autre corps de logis en aile à droite et au fond de ladite cour.

« Dans la plupart des bâtiments dépendant de l'hôtel présentement vendu, se trouvent des caves voûtées divisées en un grand nombre de berceaux... »

Le prix de cette vente était de 360.000 francs ; M. et Mme Caillard, acquéreurs chacun pour moitié, devaient entrer en possession effective le 1er octobre 1820.

Qui donc était ce ménage de gens assez riches pour acheter et habiter l'ancien ministère de la Police ? Ni l'un ni l'autre n'étaient les premiers venus et leur histoire mérite d'être contée.

En 1758, naissait dans un petit village de l'Orléanais, à Saint-Laurent-des-Eaux, un enfant qui devait devenir plus tard un homme considérable. Voici son acte de naissance extrait du registre paroissial de Saint-Laurent-des-Eaux (Loir-et-Cher).

« L'an mil sept cent cinquante-huit, le vingtième jour de juin, a été baptisé un garçon né sur cette paroisse, le jour d'hier, du légitime mariage de Vincent Caillard, le jeune et d'Anne Villermay, lequel a été nommé Vincent. Le parein, Étienne Villermay, fils de défunt Bertrand Villermay, vigneron; la mareine Madeleine Vaneau, fille d'Étienne Vaneau, tisseran, laquelle a déclaré ne scavoir signer; le parein a signé en l'absence du père.

« Ont signé : Estienne Villermé, Besnier vic. »

Cet enfant parvint plus tard à une situation si importante et fit une si grande fortune, que son souvenir est demeuré vivant de génération en génération parmi ceux qui descendent de lui; l'imagination même s'est mise de la partie et il en est résulté une véritable légende que nous avons recueillie de la bouche même d'un de ses descendants. La voici telle qu'elle nous a été contée :

Quelques années avant la Révolution, un petit paysan quittait son village de Saint-Laurent-des-Eaux avec un bâton sur l'épaule et au bout, son mouchoir noué aux quatre coins et contenant son modeste bagage. Il avait dans sa poche un demi-louis, ne savait ni lire ni écrire et n'avait à attendre aucun héritage. Ainsi légèrement nanti, il prit la route d'Orléans.

C'était Vincent Caillard. Arrivé dans la grande ville, il entra comme ouvrier chez un entrepreneur de travaux publics et s'y conduisit si bien que d'ouvrier il devint rapidement conducteur de travaux et entrepreneur lui-même.

Tandis que Vincent Caillard travaillait avec ardeur à Orléans pour s'y créer une situation et se voyait encouragé par ses premiers succès, vivaient dans la même ville deux personnes qui défrayaient la conversation des habitants du crû : c'étaient une vieille dame et une jeune fille que l'on avait vues s'installer à Orléans sans y connaître personne et sans qu'on eût jamais pu savoir d'où elles venaient ni qui elles étaient. Elles vivaient honorablement, menant avec décence un train fort modeste. La vieille dame, d'aspect tout à fait aristocratique, avait l'air hautain d'une femme de cour; sa tenue était recherchée et elle se promenait poudrée à frimas avec une canne à pomme d'or qui impressionnait les gens d'Orléans et dont on parle encore dans la famille. Quant à la jeune fille, elle était d'une beauté admirable. La curiosité était d'autant plus piquée que l'on n'ignorait pas que le nom sous lequel vivait la vieille dame était un nom de fantaisie. La jeune fille s'appelait Madeleine Trotereau, mais personne ne doutait que ce fût aussi un faux nom. Le bruit courait que c'était un fille naturelle de Louis XV.

Vincent Caillard épousa Madeleine Trotereau. Comme la future n'avait point de dot, son futur époux lui en constitua une, sous forme d'une vigne à Meung-sur-Loire que la famille possède même encore. Quant à la vieille dame, elle disparut le lendemain du mariage et personne ne la revit plus jamais à Orléans.

Voilà l'histoire rapportée aussi fidèlement que nous avons pu; voilà quels auraient été les débuts de Vincent Caillard.

Le côté quelque peu romantique de cette biographie nous a incité à rechercher des précisions et des réalités. Et d'abord cette appellation de « petit paysan » nous avait semblé peut-être exagérée. Sans doute la qualité des personnes que nous voyons figurer à l'acte de naissance de Vincent Caillard n'indique pas une famille dans une bien haute situation, mais d'après d'autres renseignements plus précis que nous tenons d'autres membres de la famille, Vincent Caillard, le père de l'enfant nouveau-né, qui donnait à son fils le même prénom que lui, était entrepreneur des corvées. Or, sans être un personnage important, un entrepreneur des corvées n'était pas un paysan et il est bien peu vraisemblable que son fils fût parti le bâton sur l'épaule et complètement illettré. Nous serions plus tentés de croire que le jeune homme commença par entrer à Orléans chez quelque entrepreneur, en qualité de commis et, quand les entrepreneurs de corvées furent supprimés, continua comme entrepreneur de travaux publics une carrière analogue à celle de son père. Quant à son mariage, nous avons recherché et retrouvé le lieu de sa célébration qui est Beaugency et non Orléans. Le 24 janvier 1790 le contrat du mariage était passé devant Me Bordier notaire à Beaugency, et le 9 février suivant la bénédiction nuptiale était donnée dans l'église Saint-Nicolas.

Extrait du registre des baptêmes, mariages et sépultures de la paroisse Saint-Nicolas de Beaugency pour l'année 1790.

Le neuf février mil sept cent quatre vingt dix, après les publications des bans faites au prône de notre messe paroissiale et de celle de Tavers, comme il nous a apparu par le certificat en datte du lundi huit, signé Lasausse, prieur curé, pour première et dernière fois dimanche sept du présent, sans qu'il soit venu à notre connaissance aucun empêchement ni opposition quelconque; vu les dispenses accordées par Mgr l'Évêque d'Orléans pour les deux autres bancs (*sic*) en datte du huit février contrôlées et insinuées le même jour sous le seing de M. Borros de Gamenson, Vic. gén., de mandat Meunier. Nous soussigné pr. curé avons reçu le consentement mutuel des parties et conféré la bénédiction nuptiale au Sr Vincent Caillard, principal conducteur des travaux pour les ponts et chaussées au département d'Orléans et Beaugency, fils majeur de feu Sr Vincent Caillard et De Anne Villermet, de cette paroisse, d'une part, et Delle Marie-Magdeleine Trotereau, fille mineure de Sr Marcou Trotereau et feue dame Marie-Magdeleine La Gravère, domiciliée de droit de la paroisse de Tavers et de fait de celle-ci; présents et témoins du côté de l'époux, les sieurs Simon et Antoine Caillard, ses frères; du côté de l'épouse, de Marcou Trotereau père, Antoine Hocquetin et Michel-Isaac La Gravère, tous deux oncles maternels et plusieurs autres parents et amis qui ont signé avec nous.

Signé : Marie-Magdeleine Trotereau, V. Caillard, Marcou Trotereau, Antoine Caillard, Simon Caillard, Michel-Isaac Lagravère, Antoine Octin, Ravion de Chaffin, Sophie de Chaffin, Renée Turpetin, Eugène Turpetin, Pierre Joseph Aubert, Catherine Percheron,... de Chaffin, Louise Anne de Chaffin, Sartre de Vaucelle, Cazalis, pr. Curé.

Pour extrait conforme. Beaugency, le 22 septembre 1911.

Le maire : Hyvernaud.

Que devons-nous croire? Le romanesque de la légende ou le terre-à-terre de l'acte d'état civil? Faut-il voir là quelque complaisance du curé et des témoins? Marcou Trotereau, le père, a-t-il endossé une paternité qui n'était point sienne, et tout cela dans le but de donner à la jeune fille une situation régulière qu'elle n'avait pas? Faut-il au contraire conclure que la tradition ne repose sur rien? Nous ne saurions nous prononcer ; mais il ne faut pas oublier que tout en étant une source très digne de foi, les registres paroissiaux étaient loin d'être tenus d'une façon aussi rigoureuse que les registres de l'état civil de nos jours. D'autre part, plusieurs personnes de la famille nous ont affirmé l'origine mystérieuse de Madeleine Trotereau et l'on ne voit pas bien quel intérêt aurait pu pousser ceux qui propagèrent cette version.

Ce que l'on sait, c'est que Madeleine Trotereau fut une épouse modèle, éleva avec dignité ses nombreux enfants et rendit son époux parfaitement heureux. Le couple résida pendant la révolution à Beaugency et Vincent Caillard qui avait adhéré aux idées nouvelles, continua à exercer son métier de conducteur des ponts et chaussées dans la petite ville où il joua même un certain rôle pendant ces périodes troublées. On retrouve fréquemment son nom dans les comptes rendus des séances de la Société des amis de la Constitution. Il semble s'y être comporté avec modération.

Ce fut sous l'Empire que commença à se dessiner la carrière du hardi et puissant entrepreneur qui devait le mener à une si grande fortune. Au commencement de la guerre d'Espagne, l'empereur désirant faciliter les énormes transports et mouvements de troupes qu'il dirigeait vers la péninsule, décida la construction de la grand'route Paris-Bordeaux. Il fallait faire vite et bien. Ce fut Vincent Caillard qui fut choisi et la rapidité de l'exécution dépassa toutes les espérances. Il gagna là des sommes considérables. Tandis que ses nombreuses équipes travaillaient en Sologne, il eut l'idée d'utiliser ces vastes terrains improductifs, acheta, grâce aux capitaux qu'il possédait déjà, d'immenses territoires, y introduisit la culture du pin des landes et augmenta de ce fait sa fortune dans des proportions inattendues.

Six enfants naquirent du mariage de Vincent Caillard et de Madeleine Trotereau : l'aîné, Vincent-Marc-Désiré, à Beaugency, le 3 janvier 1792, le second, Jean-Édouard, le 7 juin 1796, dans la même localité. Ces deux fils furent suivis de quatre filles dont l'une épousa le fils du célèbre musicien Grétry. Quand, en 1820, la famille vint s'établir à Paris, tout ce monde habita quai Malaquais et M. Vincent Caillard logea encore au n° 13 sa sœur et plusieurs autres parents. Les vastes écuries qui pouvaient contenir une vingtaine de chevaux étaient superbement garnies et la vie était large chez cet homme, fils de ses œuvres, qui, sans compter, associait à sa prospérité tout le cercle de sa famille.

Ce fut en 1826 que M. Vincent Caillard conçut l'idée de l'affaire la plus vaste et la plus fructueuse peut-être de toute sa carrière : les Messageries générales. Les diligences Laffitte et Caillard furent à cette époque quelque chose d'aussi connu que le chemin de fer d'Orléans ou du P.-L.-M. de nos jours. Il ne créa rien, mais se borna à grouper en une seule affaire 13 services en pleine activité. Il existait une puissante compagnie rivale, celle des Messageries royales. Au lieu de se faire la guerre, les deux compagnies trouvèrent préférable de s'entendre et bien leur en prit. La maison de banque Jacques Laffitte fournit d'importants capitaux et un cousin du banquier, Charles Laffitte, s'associa avec M. Caillard. Au bout de peu de temps, les Messageries générales desservaient 30 routes et 2.200 postes.

Des quantités de procès furent intentés aux deux grandes compagnies pour coalition, monopole et concurrence

VINCENT CAILLARD.

déloyale. Mais elles gagnèrent toujours et, de fait, elles étaient loin de tenir toute la France et d'empêcher le développement de cette industrie, puisqu'en 1827 il y avait en France 3.134 entreprises de services réguliers et qu'au 1er janvier 1840 il en existait 5.362.

Quant au prix, le public ne pouvait pas se plaindre; il avait constamment baissé :

en 1789	1 fr.	par lieue.
1810	0. 75	—
1825	0. 60	—
1832	0. 45	—
1836	0. 40	—
1840	0. 37	—

De même pour les marchandises, le prix de transport était tombé de 200 francs à 40 francs par 100 kilos et par 100 lieues.

D'autre part, la vitesse avait crû sensiblement et se chiffrait ainsi dans les derniers temps de l'entreprise.

Paris-Rouen	9	heures.	— 137	kilomètres.
Paris-Havre	15	—	— 213	—
Paris-Bordeaux	48	—	— 575	—
Paris-Caen	19	—	— 223	—
Paris-Nantes	33	—	— 395	—

Malgré toutes ces améliorations et ces réductions de tarifs, ce fut une affaire merveilleuse et, lorsqu'il fallut liquider à la naissance des chemins de fer, les actionnaires reçurent en remboursement le capital total, après avoir touché pendant des années des dividendes qui s'élevèrent jusqu'à 15 et 18 %.

M. Vincent Caillard associa de bonne heure ses fils à l'administration des Messageries générales et ils y demeurèrent jusqu'au moment où la création des grands réseaux de chemins de fer nécessita la liquidation de l'affaire. A cette époque, l'aîné, M. Vincent-Marc Caillard, entra au conseil d'administration des chemins de fer du Nord et le cadet, M. Édouard Caillard, au chemin de fer d'Orléans. L'un et l'autre étaient de précieuses recrues pour les nouvelles compagnies et leur apportaient leur expérience et leur connaissance approfondie des questions de transport qui faisaient défaut à la plupart des fondateurs des chemins de fer.

Les descendants de cette seconde génération des Caillard existent encore; plusieurs sont nés quai Malaquais et ont encore le souvenir d'avoir joué dans leur enfance dans le beau jardin ou sur la terrasse qui donnait sur la Seine.

M. Paul Caillard, fils de M. Vincent-Marc Caillard, né en 1832, à la courtoisie de qui nous devons la plupart de ces renseignements, entra dans la Marine en 1851 en qualité d'élève volontaire à bord de la *Pomone*. De mars 1852 à février 1853, il fit fonction d'officier puis rentra dans ses foyers. Après avoir été l'un des élégants du second empire, il reprit du service aux sombres jours de 1870; il s'y conduisit héroïquement. Il fut capitaine de la garde nationale de Saint-Laurent-des-Eaux (Loir-et-Cher), ce village d'où un siècle auparavant, était parti son aïeul; dès le mois d'octobre, il était nommé chef de bataillon des mobilisés de Loir-et-Cher et donnait sa démission pour redevenir simple capitaine d'état-major aux volontaires vendéens de Cathelineau. Il y demeura jusqu'au licenciement du corps.

M. Paul Caillard fit la campagne de la Loire sous d'Aurelle de Paladines et sous Chanzy, prit part à trois combats, arrêta les Prussiens en Sologne au combat de Mogne-Baril, les obligea à modifier leur itinéraire et sauva ainsi de l'invasion plusieurs villages et des bois où les paysans avaient caché quantité de valeurs et d'objets auxquels ils tenaient.

Le capitaine Caillard fut blessé à Vibraye (Sarthe) et reçut la croix de la Légion d'honneur dès octobre 1870. Voici ce que le général Cathelineau écrivait sur son compte en lui donnant des notes :

S'est signalé à Vibraye (Sarthe) par l'énergie qu'il a déployée à faire passer en arrière de l'ennemi trois compagnies qui lui étaient confiées, au milieu du plus grand danger, ces compagnies étant exposées à être coupées par l'ennemi ; mais cette manœuvre ayant été bien exécutée, il en est résulté le salut de mon corps, en ce sens que ce mouvement a arrêté l'ennemi extrêmement nombreux.

Signé : CATHELINEAU.

Les notes du général Chanzy ne sont pas moins brillantes et après la guerre, le 15 décembre 1871, ce général proposait le capitaine Caillard pour la croix d'officier de la Légion d'honneur. Cette rosette d'officier, M. Paul Caillard l'a obtenue... en 1908.

Les descendants d'autres branches de la famille Caillard occupent de hautes situations : l'un est le vice-amiral Léonce Caillard, l'autre le général Hyacinthe Caillard, ancien commandant du corps d'armée de Bourges.

Le 6 novembre 1843, Vincent Caillard, l'aïeul de cette belle famille, le fondateur des Messageries générales, mourait âgé de quatre-vingt-cinq ans, à Saint-Hilaire-Saint-Mesmin près d'Orléans, dans sa maison de campagne les Châteliers. Voici son acte de décès :

Extrait du Registre des décès de la Commune de Saint-Hilaire-Saint-Mesmin pour l'année 1843.

L'an mil huit cent quarante trois, le sixième jour du mois

de novembre, à midi et demi, par devant Nous Boulage Durand, adjoint de la commune de Saint-Hilaire-Saint-Mesmin, canton sud d'Orléans, département du Loiret, remplissant les fonctions d'officier de l'état civil de ladite commune par délégation spéciale de Monsieur de Cardon, Maire : sont comparus en l'hôtel de la Mairie, Messieurs Jean-Édouard Caillard, administrateur des Messageries générales de France, domicilié à Paris, rue du quai Malaquai, nos 11 et 13, et Hector Laurence, propriétaire, domicilié à Saint-Hilaire-Saint-Mesmin, maison des Châteliers, le premier, fils et le deuxième gendre du défunt faisant l'objet du présent acte, lesquels nous ont déclaré que ce jourd'hui à dix heures du matin, dans son domicile, sis en ladite commune de Saint-Hilaire-Saint-Mesmin, maison des Châteliers, est décédé Monsieur Vincent Caillard, administrateur honoraire des Messageries générales de France, âgé de quatre-vingt-cinq ans, époux de dame Marie Madeleine Trotereau, présentement sa veuve, fils de Monsieur Vincent Caillard décédé à Beaugency (Loiret), et de dame Anne Villermet, décédée à Saint-Laurent-des-Eaux, et ont les deux témoins déclarants signé avec nous le présent acte après que lecture leur en a été faite.

Le registre est signé : Ed. Caillard, Hector Laurence et Boulage, adjoint.

Des difficultés se produisirent lors de la liquidation de sa succession, les fils et les gendres ne purent s'entendre et ce fut la mort du magnifique hôtel qui dut disparaître. Il fut décidé qu'on le démolirait pour vendre le terrain par lots. Un projet pour l'établissement d'une sorte de cité fut même dressé avec plans à l'appui et distribué aux propriétaires mitoyens. Aucune suite ne fut donnée à ce dernier projet, mais les démolisseurs n'en firent pas moins leur œuvre; à la fin d'avril 1845 ils étaient à la besogne (1). Le splendide escalier avec ses colonnes, ses fresques, sa

(1) *Moniteur* du 30 avril 1845 (page 1133).

rampe en fer forgé portant encore en médaillons l' M. de

Vincent Caillard (vers 1840).

la duchesse de Mazarin, avec l'admirable cassolette, chef-d'œuvre de ciselure qui remplaçait la pomme d'escalier, s'en allèrent tordus, démontés, emportés dans les tombereaux de l'entrepreneur et la place où les Brienne, les prince de Conti, les Créqui, les Lauzun, les Mazarin, les Juigné, les Fouché avaient vécu toute une partie de notre histoire de France, ne présenta plus qu'un vaste espace nu, couvert de gravats blanchâtres, comme au temps où Jean Bouyn était venu là choisir l'emplacement de son manoir. Pour donner une idée du luxe de cet intérieur qui disparaissait ainsi, mentionnons qu'une porte fut cédée à M. de Rothschild pour 10.000 francs. Une partie des boiseries fut envoyée au château des Bordes, près Beaugency (Loiret), qui appartient à la famille, et une autre partie se trouve à Paris, chez Mme Caillard, sœur de l'amiral et du général, morte récemment. On fit une simple clôture en planches et, pendant des années, ce coin historique demeura à l'état de terrain vague.

Ce fut un véritable deuil pour les membres de la famille Caillard qui habitaient l'hôtel. M. Vincent-Marc Caillard, s'éloigna le moins qu'il put et se réfugia à côté, à l'hôtel de Chimay (1).

Disons pour terminer en ce qui concerne la famille Caillard, que la mère de M. Paul Caillard était la sœur d'Eugène Sue, et que l'ancien capitaine de 1870 conserve pieusement nombre de souvenirs du grand romancier, notamment sa bibliothèque, une grande partie de ses manuscrits et une planchette couverte d'entailles, de dessins et d'inscriptions de la main même d'Eugène Sue; ce dernier en effet ne se servait point de table et écrivit nombre de ses romans sur cette planchette qu'il posait sur ses genoux.

(1) Actuellement annexe de l'École des Beaux-Arts, n° 17 du quai Malaquais.

VUE DU QUAI MALAQUAIS VERS 1833

D'après un Dessin du Musée Carnavalet

On trouve au d'Hozier (1) les armes d'une dame Madeleine Foucault, veuve de Claude Caillard, sieur de Gidy, conseiller du roi au siège présidial d'Orléans et son procureur au bureau des finances de ladite généralité : l'écu est d'argent à l'aigle d'azur, accompagné en chef, à dextre d'un croissant d'azur et à senestre d'une étoile de gueules; en pointe de flammes de gueules mouvantes du bas de l'écu. On y trouve aussi celles d'une dame Madeleine Caillart, femme de Claude Cahouet, écuyer seigneur de Sameville, prévot général d'Orléans. Elles sont ainsi décrites : de sinople à une fasce d'or chargée d'une merlette de sable. Nous ignorons si ces personnes appartiennent à la famille qui nous intéresse. Il existe une autre branche anglaise de la famille qui remonterait à un archer écossais de la garde de Louis XI et qui porte des armes parlantes : d'argent au chevron de sable chargé de trois cailles au naturel posées deux et un; cimier : une caille au naturel; devise : « Aide-toi, Dieu t'aidera (2). »

Parmi les personnages qui, outre la famille Caillard, ont habité les deux immeubles 11 et 13, nous citerons en premier lieu le comte d'Aubusson de la Feuillade et sa famille, qui occupèrent de 1826 à 1844, comme locataires, le rez-de-chaussée du n° 11 et une partie du n° 13, tandis que les Caillard habitaient le premier étage.

Pierre-Raymond-Hector, comte d'Aubusson de la Feuillade, fut un personnage marquant : né le 11 juin 1765 au château de Castel-Novel, commune de Varetz, dans la Corrèze, il appartenait à la plus haute aristocratie; il descendait du maréchal de la Feuillade, l'ami et l'admirateur de Louis XIV, et parmi les alliances de la

(1) Orléans, fol. 315 et 416.
(2) Renseignements généalogiques donnés par M. Paul Caillard.

famille on relève des noms comme les d'Harcourt, les Richelieu et les Talleyrand. Il avait épousé en 1791 une Mlle de la Barberie de Reffuveille et était devenu veuf en 1803. Il se rallia à l'empire avec enthousiasme et fut de ces grands seigneurs que Napoléon appela à sa cour. Il devint chambellan de l'impératrice et fut envoyé en 1809 à Florence, alors royaume d'Étrurie, en qualité de ministre de France, auprès de la reine Marie-Louise (1), régente d'Étrurie depuis la mort de son époux le roi Louis Ier (2).

Le nouveau diplomate arrivait avec l'intention de faire figure et de donner par là tout le prestige possible à ses fonctions de représentant de la France. Du reste ses goûts de faste l'y poussaient. Il avait des appointements de 5000 francs par mois : il en dépensa immédiatement 12.000. Moins d'un an après son arrivée, il avait déjà 80.000 francs de dettes. Mais de pareilles misères n'indisposaient point l'empereur. Du reste le comte d'Aubusson était un excellent ministre; ses dépêches vives, alertes, spirituelles dénotent l'activité qu'il déployait; elles sont pleines de renseignements précieux et laissent voir la fidélité avec laquelle il servait la France et luttait contre les vieux ministres à perruque dont les tendances gallophobes se cachaient sous les grands mots de l'époque et les caresses italiennes.

Il est curieux de suivre ce ministre de France d'allures très modernes, libre dans ses discours, de manières dégagées et cavalières avec les femmes, évoluant au milieu

(1) Marie-Louise-Joséphine-Antoinette de Bourbon, fille de Charles IV, roi d'Espagne, née en 1782, morte en 1824.

(2) Louis Ier de Parme, fils de Ferdinand Ier duc de Parme et d'Amélie d'Autriche, prince héréditaire de Parme et infant d'Espagne, né en 1773, nommé roi d'Étrurie en 1801, mort en 1803. Il avait épousé en 1795 Marie-Louise de Bourbon dont nous venons de parler.

de cette cour ancien régime où il détonne. Les dames se choquent; les vieux ministres s'indignent et lui, circule avec son aisance de grand seigneur émancipé par les idées nouvelles. Le nonce Morozzo avait établi à Florence une « Académie de Religion » qui n'était autre chose que le rétablissement d'une sorte d'inquisition. Le comte d'Aubusson ne craignit pas de s'attaquer à cette institution. Il la fit supprimer et obtint même la disgrâce du nonce Morozzo. Mais il se rendit compte qu'il n'y avait rien à faire contre les tendances rétrogrades et antifrançaises du gouvernement de la régente. Ce fut en grande partie d'après ses dépêches que l'empereur se décida à supprimer le royaume d'Étrurie et à l'annexer. Le comte d'Aubusson fut chargé de notifier à la régente Marie-Louise, le traité de Fontainebleau du 29 octobre 1807 qui mettait fin à l'existence éphémère du royaume d'Étrurie. Le 18 décembre de la même année, la légation de France à Florence était supprimée et le comte d'Aubusson de la Feuillade, en récompense de ses services, se voyait nommé ambassadeur à Naples (1).

Après la Restauration, le 10 octobre 1821, le comte d'Aubusson se remaria avec Mlle Jeanne-Pauline-Louise Randon de Pully et, cinq ans après, vint s'installer au rez-de-chaussée de l'hôtel du quai Malaquais où quelques années plus tard vint le rejoindre son fils aîné, Augustin-Pierre, colonel du 17e de ligne qui avait épousé Mlle Blanche-Catherine-Honorine Rouillé de Boissy. De ce mariage naquirent deux filles dont la seconde, Henriette-Pauline-Hilaire-Noëmie, vint au monde le 12 janvier 1826 dans l'hôtel même du quai Malaquais, peu de temps après que

(1) Voir à ce sujet l'intéressant ouvrage de M. Marmottan, *Le royaume d'Etrurie*.

ses grands-parents y étaient installés. Seize ans après, la famille était encore là et célébrait le 3 juillet 1842 le mariage de la jeune fille avec Anne-Antoine-Gontrand, prince de Bauffremont de Courtenay. Enfin, un an après, le 6 septembre 1843, la jeune femme, qui habitait toujours l'hôtel avec ses parents, y mettait au monde un fils qui fut nommé Pierre-Laurent-Léopold-Eugène et qui n'est autre que le prince duc de Bauffremont actuel.

Quant au comte Hector d'Aubusson de la Feuillade qui vieillissait entouré de ses enfants, il avait été nommé pair de France par le gouvernement de Juillet, moins hostile que la Restauration aux serviteurs de l'Empire. Il vécut fort vieux et ne s'éteignit que le 7 mars 1848. Des quatre enfants qu'il avait eus de son premier mariage, seul le fils aîné, le colonel, laissait une postérité représentée par deux filles; le second, Raymond, avait été tué pendant la campagne de Russie; les deux autres enfants étaient deux filles, la comtesse de Caulaincourt et la duchesse de Lévis-Ventadour, mortes elles-mêmes sans postérité.

Nous citerons encore parmi les habitants des n°s 11 et 13 du quai Malaquais les locataires suivants :

N° 11. — Clément père, marchand d'estampes, en 1814 et 1815.

Labitte, libraire, de 1822 à 1844.

Auvray frères, marchands d'estampes, de 1822 à 1845.

N° 13. — Louis Ducis, artiste peintre, de 1822 à 1832. Il était élève de David et neveu de Jean-François Ducis, le poète dramatique; il avait épousé Euphrosine Talma, la sœur du grand tragédien, et peignit un tableau ayant pour sujet la jeunesse de Talma, qui est au Luxembourg.

Boucher, commissaire-priseur, de 1824 à 1828.

Dobignié, avoué à la Cour royale, de 1827 à 1832.

Guynet, en 1826 et 1827.

Alphonse Lavaudan, artiste peintre, auteur des *Funérailles de la reine Blanche,* au Musée de Nancy, en 1826 et 1827.

Mlle Martin et Cie, graveurs sur métaux, de 1826 à 1831.

André (Aimé), libraire, de 1829 à 1834.

Picard, épicier, de 1825 à 1829.

La famille de Steuben composée du père Ch.-Guil.-Aug.-H.-Fr.-L. baron de Steuben, de Mme de Steuben et de leur fils Alexandre, tous trois artistes peintres, de 1832 à 1844. Cette famille était d'origine badoise. On a du baron de Steuben un plafond au Louvre, trois toiles au Musée de Nantes, *La Esmeralda, Une odalisque* et *La Liseuse,* et de nombreux tableaux au Musée de Versailles.

Mlle Irma Martin, artiste peintre, en 1839.

Guenucho, tapissier, en 1838 et 1839; il occupait aussi d'autres locaux au numéro 11.

Mme Roussel, marchande de curiosités, de 1838 à 1844.

Depierre, peintre vitrier, en 1838 et 1839.

Darasse, employé au dépôt central d'artillerie, en 1844.

Nous trouvons dans d'autres annuaires et vers la même époque, un Darasse au numéro 11, mentionné avec la désignation de négociant en équipements militaires, éponges et pompes à incendie. Nous ne saurions dire si c'est le même personnage qui changea de métier où s'il s'agit de deux membres d'une même famille.

Enfin Mlle Sobry, traducteur, en 1844 (1).

(1) La plupart de ces locataires nous ont été indiqués d'après les notes si riches et si précises de M. Henri Masson.

10

XIII

Terrain vague. — Attribution à l'École des Beaux-Arts. — Origine de cette institution. — Transport rue Bonaparte. — La façade actuelle du quai Malaquais.

Pendant que l'herbe poussait sur le terrain vague clos de planches, du quai Malaquais, divers projets s'élaboraient dans les bureaux. On eut l'idée d'y construire l'hôtel des Dépôts et Consignations. Le préfet de la Seine prit même un arrêté dans ce sens le 8 février 1855, mais le projet n'eut pas de suite et le terrain acquis par l'État fut affecté à l'agrandissement de l'École des Beaux-Arts qui se trouvait à l'étroit.

Cette école dérive en droite ligne de l'École académique fondée en 1648, en même temps que l'Académie royale de Peinture et de Sculpture. Lors de la suppression de cette académie, l'École académique continua à subsister. En 1848, on fêtait son deuxième centenaire. L'Académie d'Architecture, fondée en 1671, entretenait de son côté une école. La révolution fondit les deux institutions en une seule. Ce ne fut que beaucoup plus tard qu'aux trois arts, peinture, sculpture, architecture on adjoignit une école de gravure. Toutes ces diverses réglementations ont été l'objet d'un décret de réorganisation du 30 septembre 1883 qui régit encore l'École des Beaux-Arts.

Les diverses académies ainsi que leurs écoles dont nous venons de parler, avaient été installées en 1692, au Louvre. Elles y demeurèrent jusqu'en 1807. A cette époque, l'école unique formée par leur fusion émigra dans les bâtiments de l'Institut. Enfin en 1816, une ordonnance du 18 décembre accordait à l'École des Beaux-Arts les locaux désaffectés du Musée des Monuments français, rue Bonaparte. Les choses n'allèrent point vite. Ce ne fut que le 3 mai 1820 qu'on posa la première pierre. En 1823, on commença les travaux d'aménagement et en 1830 seulement, l'école prit possession de ses nouveaux locaux.

Dès 1832, l'administration avait jeté les yeux sur le terrain vague du quai Malaquais pour y élever les bâtiments qui lui manquaient. Elle faillit se les voir enlever pour les Dépôts et Consignations, mais enfin elle eut gain de cause. En 1855 les terrains étaient acquis par l'État pour un million et les nouvelles constructions étaient entamées en 1858. Ce fut l'architecte Duban qui en fut chargé. Les travaux durèrent quatre ans. En 1862, ils étaient terminés. Duban mourut à Bordeaux le 12 octobre 1870. Dans la belle façade qu'il nous a laissée, nous relevons une légère différence entre ce que nous voyons et les gravures qui furent reproduites par les journaux illustrés lors de l'inauguration : ces dessins, tout en indiquant la porte centrale telle que nous la voyons aujourd'hui, représentent une autre porte à la place de la dernière fenêtre à l'ouest. Duban avait, en effet, conçu son architecture de telle façon qu'elle put être indéfiniment continuée le long du quai. C'est dans la grande salle qui s'étend d'un seul tenant derrière cette façade que se tiennent les diverses expositions qu'organise l'École des Beaux-Arts.

(Extrait du *Bulletin de la Société historique du VIe arrondissement de Paris.*)

FIN.

TABLE DES NOMS DE PERSONNES

TYP. FIRMIN-DIDOT. — MESNIL

www.ingramcontent.com/pod-product-compliance
Ingram Content Group UK Ltd.
Pitfield, Milton Keynes, MK11 3LW, UK
UKHW021049230726
13926UKWH00004B/1740